CHARLES BENOIST

MEMBRE DE L'INSTITUT

LES MALADIES

DE LA

DÉMOCRATIE

L'ART DE CAPTER
LE SUFFRAGE ET LE POUVOIR

ÉDITIONS PROMÉTHÉE

PARIS

LES MALADIES
DE LA DÉMOCRATIE

L'ART DE CAPTER
LE SUFFRAGE ET LE POUVOIR

ŒUVRES POLITIQUES DE CHARLES BENOIST

HISTOIRE ET PHILOSOPHIE POLITIQUE

La Politique du roi Charles V. — *La Nation et la Royauté.* (L. Cerf.)

La Vie nationale. — *La Politique.* (Léon Chailley.)

L'État et l'Église. (Armand Colin.)

Souverains, Hommes d'État, Hommes d'Église. (Lecène et Oudin.)

Le Prince de Bismarck. — *Psychologie de l'Homme fort.* (Perrin.)

Le Machiavélisme avant Machiavel. (Plon-Nourrit.)

Le Machiavélisme de l'Anti-Machiavel. (Plon-Nourrit.)

L'influence des Idées de Machiavel. — *Cours de l'Académie de Droit international de La Haye.* (Hachette.)

Sophismes politiques de ce temps. (Perrin.)

Les Lois de la Politique française. (A. Fayard.)

Les lois de la Politique française et le gouvernement de l'Alsace sous Louis XIV. (Plon-Nourrit.)

QUESTIONS POLITIQUES ET SOCIALES

Croquis parlementaires. (Perrin.)

L'Organisation de la Démocratie. (Perrin.)

Les Ouvrières de l'Aiguille à Paris. (Léon Chailley.)

Un programme, 1902 et 1914. (Plon-Nourrit.)

La Réforme parlementaire. (Plon-Nourrit.)

Pour la Réforme électorale. (Plon-Nourrit.)

Introduction générale au Code du Travail. (Plon-Nourrit.)

POLITIQUE EXTÉRIEURE ET COLONIALE

Enquête Algérienne. (Lecène et Oudin.)

L'Espagne, Cuba et les États-Unis. (Perrin.)

L'Europe en feu. — *Chroniques de la Grande Guerre.* Trois volumes. (Perrin.)

Les nouvelles frontières d'Allemagne et la nouvelle carte d'Europe. (Plon-Nourrit.)

La Question méditerranéenne. (V. Attinger.).

LA CRISE DE L'ÉTAT MODERNE

I. **L'Organisation du Suffrage universel.** (Didot.)

II et III. **L'Organisation du Travail.** (Plon-Nourrit.)

CHARLES BENOIST

MEMBRE DE L'INSTITUT

LES MALADIES DE LA DÉMOCRATIE

L'ART DE CAPTER LE SUFFRAGE ET LE POUVOIR

ÉDITIONS PROMÉTHÉE

RUE DUPUYTREN, N° 9, A PARIS

MCMXXIX

PRÉFACE

Des six études qui composent ce volume, les deux dernières ont paru dans la Revue des Deux Mondes, en 1904 ; les quatre autres sont de 1925 et de 1927. Le quart de siècle qui sépare les deux parties a été rempli pour moi par l'expérience, l'observation et la comparaison, à l'intérieur comme député, à l'extérieur comme chef d'un poste diplomatique dans une ville où passent des représentants du monde entier. Cet intervalle marque la décadence de nos mœurs politiques et, par une conséquence inéluctable, de nos institutions parlementaires. C'est ce qui explique la différence de ton entre la première et la seconde moitié de ce livre. Il y a vingt-cinq ans, on pouvait encore regarder au dehors et penser en philosophe. Aujourd'hui, on sent le mal dans sa chair, et il faut crier.

Mais ce n'est pas assez de crier, il faut agir;

et ce n'est pas tout de constater, il faut conclure. Ma conclusion, je l'ai écrite dans les Lois de la Politique française, qui, logiquement, auraient dû paraître après le présent recueil, fait pour leur préparer les voies. Je l'ai confirmée tout récemment dans le discours que j'ai prononcé au « Banquet des Médecins d'A.F. », et qui n'est, en son ensemble, qu'une sorte d'extrait concentré des pages qu'on va relire. Parlant à qui je parlais, je ne pouvais m'en tenir au simple diagnostic, et, m'adressant à qui maintenant je m'adresse, je ne saurais me contenter d'apprendre à mon client qu'il est malade : il le sait bien ! Il a le droit de vouloir une « ordonnance ».

Je conseille donc un changement de régime... Et je précise que j'entends par là un changement de forme de gouvernement ; en termes plus précis encore, le retour de la forme démocratique à la forme monarchique.

Mais courons vite au-devant d'une objection. Dans un instant, dès que l'ami inconnu que les anciennes préfaces appelaient gentiment « le lecteur bénévole » aura tourné la page, il rencontrera des remarques comme celles ci : « *Ces maladies ne sont pas le propre de la forme de gouvernement républicaine... Elles apparaissent partout, et dans la monarchie même... C'est le fait de l'élection, non de la forme républicaine en soi, et la forme monarchique, avec un suffrage très étendu, n'empêche rien.* »

Qu'il ne s'arrête pas à l'apparente contradiction. Qu'il fasse ce que j'ai fait : qu'il avance. Il verra que, dans la forme républicaine, le mal est sans remède, parce que l'élection est son essence, son mobile, la loi de son être ; qu'elle est élective ou qu'elle n'est pas. Dans la Monarchie, au contraire, l'élection n'est qu'un complément, un incident, un accident. Dans la République, il n'y a qu'elle, et par elle le parlementarisme est illimité. Dans la Monarchie, il y a ce point fixe, le roi héréditaire et non élu, qui fait limite.

Si le mal, à des degrés divers, peut se retrouver dans les deux formes, il n'est qu'en marge de la Monarchie, il est au centre de la République. La Monarchie peut rogner sa marge, toute la République gravite autour de son centre. La démocratie, par son poids, nous entraine de plus en plus bas. Reprenons-nous *avant d'avoir touché le fond. Je l'ai aimée dans ma jeunesse, servie dans mon âge mûr ; mais, toute ma vie, je lui ai préféré la France.*

Ch. B.

25 Mai 1929.

LES MALADIES DE LA DÉMOCRATIE

I

LA PARLEMENTARITE

Je voudrais, après cinq ans de méditation silencieuse, reprendre une question qui me préoccupe depuis plus de trente ans, et dont l'intérêt, désormais immédiat, l'importance vraiment capitale, ne sauraient maintenant échapper à personne.

Les « maladies de la démocratie », ce titre est expressif, et il est à peu près exact ; mais à peu près seulement, car ces maladies, si répandues aujourd'hui dans le monde et qui ont pris l'allure épidémique, ne sont pas, par un privilège à rebours, le propre de la démocratie, si l'on entend par là la forme de gouvernement républicaine. Elles y sont sans doute plus malignes qu'ailleurs, parce que le milieu est plus favorable à leur développement, la résistance de l'organisme politique plus faible, et, par conséquent, sa réceptivité plus grande. Pourtant, elles apparaissent partout, et dans la monarchie même, dès que le régime comporte une certaine dose d'esprit démocratique, dès qu'il est constitutionnel, représentatif, parlementaire ; elles s'y manifestent avec évidence dès qu'il a accepté et pratique, pour l'élection des Chambres ou de l'une des deux Chambres, le suffrage universel.

Ce qui cause de telles maladies, les caractérise et les dénonce, ce n'est pas la forme républicaine en soi, c'est le fait de l'élection, surtout par un suffrage très étendu, et plus le suffrage s'étend, plus elles deviennent graves : alors, la forme monarchique n'empêche rien. Le titre juste et complet de cette étude, impartiale en sa sévérité que n'inspire aucune passion, ni amour, ni haine, serait donc : *les Maladies du régime électif*. Disons : *de la démocratie*, par image et pour abréviation, puisqu'aussi bien le suffrage universel est l'essence et le signe de la démocratie. Et, après tout, nommons le mal comme il nous plaît, mais connaissons-le.

J'ai diagnostiqué, il y a longtemps déjà, deux de ces affections dangereuses, peut-être

mortelles, qui ne sont, au fond, que le même
mal considéré sous deux aspects ou plutôt
dans deux sujets différents, soit dans les corps
élus, soit dans le corps électoral. Dans le premier cas, *Parlementarite* ; dans le second,
Electorite. Je traiterai ici du premier, et du
second prochainement.

Si l'on admet que l'état normal ou de santé
est *le régime représentatif* modéré, intermit-
tent, limité, *le régime parlementaire* perma-
nent, continu, prépotent, marque déjà de la
température ; *le parlementarisme*, exagération
du régime parlementaire, est la fièvre ; et *la
parlementarite*, état aigu du parlementarisme
exaspéré, est le délire. Lorsque, dans un pays,
les choses en sont venues à ce quatrième degré,
il y a crise ouverte ; crise qui se résout rarement par une réforme, parfois par une dictature, plus souvent par une révolution.

Pour le parlementarisme encore, on peut
parler de symptômes : pour la parlementarite,
il faut parler de ravages. La parlementarite

sévit quand les Chambres, composées d'un grand nombre de membres recrutés sans discernement, siègent presque toute l'année, tenant chaque jour une ou plusieurs séances, du matin, de l'après-midi et du soir, dont la longueur seule porterait à l'énervement et à la violence. C'est un phénomène bien connu, et qu'ont pu observer sur eux-mêmes tous ceux qui ont fait partie d'une assemblée, que les personnalités se dissolvent en quelque sorte dans l'atmosphère physiquement et moralement surchauffée de la salle et que, de leur mélange, il se forme une espèce d'*homme parlementaire*, de « député moyen », d'être collectif fort au-dessous, si médiocres qu'ils soient en général, des êtres individuels dont il est fait. Il en est peu, parmi les meilleurs, qui ne soient jamais sortis de là humiliés et un peu dégoûtés de soi, qui, en y retournant, ne se soient promis de ne plus s'abandonner ainsi, de se raidir et de se tenir, mais qui, ressaisis, aussitôt rentrés, par l'influence ramollissante de la foule ou du troupeau, n'aient trahi leur serment et de nouveau eu à rougir de leur défaillance. Conditions éminemment propices à l'éclosion, à l'explosion de la parlementarite.

En dépistant, voilà près d'un quart de siècle, dans des Chambres qui, comparées à celle-ci, étaient des écoles de sagesse, les prodromes de ce fléau, et en l'annonçant, je m'exposais à me faire accuser de voir avec des verres sombres, d'être un médecin Tant-Pis, et, qui sait ? un empoisonneur de l'esprit public. Mais, à présent, il serait difficile de nier que le mal règne effroyablement au Palais-Bourbon. Il suffit d'y passer une heure pour constater à quel excès il est arrivé. On compterait, depuis le début de la législature, les séances qui soient allées tranquillement jusqu'à leur fin, et qui n'aient pas dû être levées en coup de vent par mesure disciplinaire. Le vocabulaire, le ton et le geste, tout ce qui compose la tenue, crie où le régime parlementaire s'est ravalé. La période des Halles est dépassée. Nous n'en sommes plus aux simples prises de bec, et Mme Angot, marchande de marée, élue demain, ne placerait plus un mot. Les crocheteurs de l'ancien Port-au-foin auraient tôt fait de lui fermer... la bouche. Ce n'est même plus le pugilat fortuit où se houspillent deux voisins particulièrement excités, mais la bataille rangée, et les partis descendent en masse dans l'hémicycle comme dans une arène. Jamais la sonnette d'alarme n'avait tant retenti, mais l'alarme, c'est la Chambre elle-même qui la fait naître, et le peuple, qu'on expulse des tribunes pour lui dérober ce spectacle, ne comprend pas, en s'en allant, que ce soit lui qu'on mette à la porte.

Ce débordement de fureurs, tout le monde le voit. Et ce n'est, de la parlementarite, que ce que tout le monde voit. Il y a pis ; moins scandaleux, mais plus délétère. La maladie est plus redoutable encore dans son cheminement sourd que dans ses éclats. L'accès fait apparaître les tares profondes de la nature, mais il ne les décèle pas toutes. Il ne découvre pas jusqu'à quel point la brutalité des réactions s'accompagne d'incapacité organique. Examinez bien, je vous prie, ces gens qui vont s'asseoir sur les banquettes et s'empilent de préférence vers l'extrême-gauche. Voyez ce qu'ils sont et rappelez-vous ce qu'ils font. En trois syllabes, immenses et terribles, ils « font la loi ». Ils savent donc ce que sont les lois et comment se font les lois ? Eux ! Les huit dixièmes ne s'en doutent même pas. L'un était hier à son officine, l'autre à son bureau, le troisième à son établi, et plusieurs, en outre, péroraient dans les syndicats ou traînaient dans les cafés. Le jeu de l'intrigue et du hasard en a fait des législateurs. Improvisés, ils improvisent.

Sur quoi ? Sur tout. Leur pouvoir n'a aucune limite, ni intérieure, ni extérieure, ni dans leur raison même, ni dans la matière de la loi. Il n'est point de sujet qui leur soit interdit. il n'en est point qu'ils s'interdisent. Ils modifient, renversent, suppriment en un instant, au gré de leur fantaisie ignorante, les règles lentement instituées par l'expérience des générations. L'ordre social, l'organisation militaire, les fondements de l'Etat, ses relations avec les autres Etats, ce qui dure et ce qui passe, les longues traditions, les incidents d'un jour, la doctrine et le fait-divers, ils touchent à tout, s'emparent de tout, secouent tout, ébranlent tout, démolissent tout.

Tout est jouet à leurs caprices de gamins turbulents et taquins, la plupart innocemment, de plus réfléchis délibérément, quelques-uns systématiquement malfaisants. On s'est mis hier à pleurer sur les ruines du Code civil, mais ce n'est pas d'hier que, sous une impulsion cauteleuse, ils le rongent et l'effritent. Ni le statut des personnes, ni le régime des biens, de quoi la famille est constituée et par quoi se perpétuait cette cellule primordiale ; ni la fortune acquise, ni le travail ; ni les intelligences, par la mainmise sur l'instruction, ni les consciences, par la police du culte, rien n'échappe à leurs prises. La race elle-même est leur victime, car de bonnes ou de mauvaises dispositions sur ou contre la propriété et l'héritage, élargissant ou rétrécissant le foyer, le consolidant ou le menaçant, ouvrent ou ferment les réservoirs de la vie.

Leur domaine est universel, leur domination est accablante. Les manuels tendancieux qu'ils distribuent dans les écoles citent avec indignation les paroles légendaires du courtisan : « Sire, les corps et les âmes, tout ce peuple est à vous. » Mais tout, les corps et les âmes, n'est-il pas à eux, en fait, et, ce qui est le comble de l'usurpation, dans les formes du droit ? Jamais tyrannie plus épouvantable ne s'est appesantie sur les hommes. Quand a-t-on serré à ce point la double vis de la contrainte légale et de la contrainte fiscale ? Quel despote,

dans l'ancienne histoire, s'est, aussi impu-
nément, montré aussi arbitraire, aussi effré-
né ?

Le despotisme du Prince avait des ménage-
ments, s'imposait des délais que ne connaît
pas la tyrannie d'une assemblée, parce que
l'un croit à son avenir et l'autre a le sentiment
de son instabilité. L'un est patient, parce qu'il
se conçoit éternel, l'autre est agressive, parce
qu'elle se sent éphémère et qu'elle est constamment obsédée par l'idée du retour au néant. La
Boëtie a écrit le *Contr'Un*. Mais, contre *les
Six Cents*, quel pamphlet écrire ? Jadis, en
désespoir de cause, dans le naufrage de toute
justice et de toute pitié, contre le despotisme
d'Un seul, il y avait, dernier et exécrable
recours, le tyrannicide. Mais, contre la tyrannie amorphe, acéphale, des Six Cents, quelle
défense ? Comment l'abattre ? En appeler à
de nouvelles élections (et cette ressource même
ne nous est laissée que de quatre ans en quatre
ans), ce n'est que se donner de nouveaux
maîtres, et l'on peut gagner au changement,
mais on peut y perdre encore. Bismarck disait
qu'il « tuerait le parlementarisme par les parlements ». Ce n'est pas de tels ou tels parle-

mentaires qu'il faut nous débarrasser : il faut
nous sauver de la parlementarite.

Je ne dis plus rien, pour en avoir déjà tant
dit, de la surenchère aux dépenses destinées à
entretenir et grossir la clientèle, ni de l'inter-
pellation, qui, maniée avec discrétion, eût pu
être une soupape utile, mais qui, aux mains
des cyniques, devient facilement un moyen de
chantage. Car la parlementarite ne demeure
pas enfermée entre les murailles sans fenêtres
du Palais-Bourbon ; elle en sort et fait rage au
dehors. Des Commissions et des couloirs où
ses germes se multiplient et s'enveniment, elle
attaque, par contagion, à Paris les ministères,
dans les départements les préfectures et les divers services, l'administration tout entière de
haut en bas. Nos Six Cents tyrans souffrent
mal non pas même la résistance, puisqu'ils
n'en rencontrent guère, mais la contradiction
la plus déférente et d'avance la plus désarmée.
Toute objection les irrite, tout retard fouette
leurs exigences, d'autant plus âpres que l'objet en est plus étroit et plus bas. Ils foncent
sur le Gouvernement, harcèlent les directeurs,
caressent et flagornent les huissiers. A l'annonce de leur visite, les fonctionnaires sont

saisis d'un tremblement panique et tournoient sur leurs ronds-de-cuir, comme, dans leur parc, les moutons qu'agitait « la poudre à Turpin ».

Qui ne l'aurait pas vu, ne saurait le croire.

Dans un ministère qui devrait être aussi à l'abri de leurs intrusions que le serait logiquement le ministère des Affaires étrangères, chefs et sous-chefs, pour peu qu'ils aient des crédits à demander, se signent et se terrent devant des fantoches qui, dépouillés de leurs écharpes et vidés de la paille électorale dont ils sont gonflés, ne seraient pas même des épouvantails à moineaux. Il n'est pas de muet, pas de grotesque, qui, à la longue, par son insistance, ne réussisse, sinon à se faire prendre au sérieux, du moins à obtenir les mêmes effets que si on l'y prenait. Lorsqu'on lui a opposé timidement pendant un certain temps les « grippements » de la mécanique, les formalités protectrices, l'attente sédative, on lui cède. Si l'on ne l'use pas, il abuse ; si l'on ne le décourage pas, il revient. Il n'a jamais assez, il réclame davantage. Or, d'une part, la législation met à sa merci le sort des citoyens en général, et, d'autre part, l'administration lui livre, dans le détail, substance et subsistance, jusqu'au pain quotidien de chacun.

Peut-être, ces bornes nécessaires qu'il ne trouve ni dans la constitution, ni dans les mœurs, ni dans les caractères, ni dans le libre exercice des autres pouvoirs, ni dans une juste appréciation du sien, le député les trouverait-il, par hypothèse, dans les scrupules de sa délicatesse. Mais, quand il n'est pas né sans délicatesse, — et c'est le cas le plus commun qu'il n'en soit pas naturellement privé plus que n'importe qui, — il est pour ainsi dire forcé d'étouffer ses scrupules. Il les étouffe, parce que, s'il en a, d'autres n'en ont pas ; tandis qu'il est à son poste à Paris, d'autres, dans son département, lui font, suivant une expression fameuse, ici retournée contre son sens, « un grand feu par-dessous ». Il est talonné, éperonné, aiguillonné par la concurrence.

Le jour où ils l'ont désigné, ses électeurs lui ont ouvert un compte qui part pour lui d'un lourd débit. Ils inscriront en regard, dans les quatre ans qui lui sont accordés, les bénéfices, emplois, faveurs, décorations, passe-droits de toute sorte qu'il leur rapportera. On fera la balance au renouvellement. Il en est

halluciné. Derrière l'échéance, lui apparaît le
spectre de la déchéance. Il a besoin, pour sur-
vivre, des ministres, qui ont besoin de lui pour
se maintenir. Donnant, recevant ; recevant,
donnant ; ses électeurs l'exploitent, il exploite
les ministres ; farandole où tous les danseurs
plongent les mains dans les poches d'autrui.
Ainsi l'échelle se dresse, la chaîne se rive.
C'est à qui touchera le plus et paiera le moins :
on est dupé, on dupe, et c'est ce qu'un auteur,
assidu aux tréteaux populaires, a appelé, dans
sa langue pittoresque, « une mutuelle turlupi-
nature ».

Encore avons-nous supposé que Robespierre
a fait d'innombrables petits, et que les Six
Cents sont tous authentiquement des fils de
l'Incorruptible. Mais, si la corruption s'en
mêle, la parlementarite, aussitôt, tourne en
gangrène.

*
* *

Ce n'est pas un mal nouveau, et ce n'est
pas un mal spécifiquement français. En même
temps que je le signalais en France, ou même

un peu auparavant, M. le Dr Provido Siliprandi le signalait en Italie, et M. Gumersindo de
Azcárate en Espagne. L'ouvrage de M. Siliprandi[1] a paru en 1898, celui de M. de
Azcárate[2], en 1894; il y a, respectivement,
vingt-sept ans et trente et un ans. Depuis lors,
en Italie et en Espagne, la nocivité du fléau
s'est aggravée à ce point qu'elle a produit, par
sursaut du patient, en Italie, le « Fascisme »,
en Espagne, le « Directoire ». Chez nous, il
ne s'est pas atténué, bien au contraire ; il s'est
installé à demeure, pénétrant jusqu'aux moel-
les par la marche couverte de la consomption,
avec, à des intervalles de plus en plus rappro-
chés, des crises, des poussées, et comme des
flambées subites. On dirait, ordinairement,
une *influenza*, sournoise, insidieuse, d'apparence bénigne et qu'on porte debout ; mais,
tout à coup, sous les rigueurs de la saison,
meurtrière et dévastatrice. Sur la fin, il ne peut

1. *Capitoli teorico-pratici di politica sperimentale;* 3 vol.
in-8°, Mantova, 1898.

2. *El Regimen parlamentario en la práctica ;* 1 vol.
in-16, Madrid, 1894. A noter que ni M. Siliprandi ni M. de
Azcárate n'étaient des *anti-parlementaires* de parti pris.
M. Siliprandi a été député à Montecitorio, et M. de
Azcárate, parent d'Emilio Castelar, était l'un des chefs
des républicains espagnols.

y avoir de doute ; je répète que trois issues seulement sont possibles : une réforme, une dictature, une révolution.

L'Italie et l'Espagne appelaient historiquement, psychologiquement, la Dictature. Le Fascisme a été pour l'une le moyen d'endiguer, le Directoire a été pour l'autre le moyen d'éviter la Révolution. Traiter ces deux mouvements comme des phénomènes quasi spontanés, comme des accidents, les expliquer uniquement par les causes occasionnelles et locales, serait n'en avoir qu'une intelligence tout à fait superficielle. Sans doute, entre autres manifestations récentes, les articles que le regretté sénateur Maffeo Pantaleoni avait, pendant et après la guerre, publiés dans la revue *la Vita italiana* et où il étalait, par une dissection impitoyable, les effets de ce qu'il appelait, en style peu académique, le *PUS* (*Partito Ufficiale Socialista*, Parti socialiste officiel), montraient assez jusqu'à quel cran les esprits même des maîtres les plus aimés de la jeunesse étaient montés. Sans doute, du sol italien tant de fois retourné dans les derniers siècle du moyen âge et à la Renaissance par les émeutes municipales, le *tiranno* (ce nom

alors exprimait moins un blâme qu'un fait)
était toujours prêt à surgir : il ne s'agissait
que de le mettre à l'échelle, d'en faire un
agrandissement à la taille de l'Italie unifiée.
Sans doute aussi, pour l'Espagne, les souvenirs
des *pronunciamientos*, — une quarantaine, —
qui, de Riego à Martinez Campos et au premier
Primo de Rivera, l'oncle, le gouverneur militaire de Madrid, ont périodiquement jeté les
généraux dans la politique, ces souvenirs, ten-
tants comme des exemples, n'étaient pas encore effacés. Mais il y a, ici et là, bien autre
chose. Il s'y découvre, si ce n'est proprement
une intention commune, une tendance qui
peut se définir en gros : la revanche du « gé-
nie » latin contre le parlementarisme anglo-
saxon.

Pourquoi les peuples dits « latins », j'entends latins non par la race (car, par la race,
dans quelle mesure, après tant d'invasions et
de mélanges de sang, les Italiens eux-mêmes
sont-ils latins ?), mais par la culture, par les
sources de la pensée et les racines du langage,
pourquoi l'Italien, l'Espagnol et le Français,
avant tous autres, ont-ils été atteints de la
maladie et en ont-ils particulièrement souf-

fert ? D'abord, parce que, tout justement, le
régime parlementaire de type anglo-saxon ne
leur était pas naturel et congénital. Pour ne
retenir que l'essentiel, lorsque, sous Philippe
le Bel, nous voyons apparaître chez nous un
régime représentatif, ce régime est bien de
chez nous ; l'espèce est autochtone, elle n'est
ni romaine, ni germanique, ni saxonne, elle
est française : ce sont nos Etats-Généraux. De
même, en Italie, les Conseils, grands ou res-
treints, des Républiques municipales ou cités
républicaines. De même, en Espagne, les *Fue-
ros* provinciaux, si fiers, si puissants, si vivaces
et demeurés si profondément populaires dans
le Nord et surtout dans le Nord-Ouest. Nos
voisins et nous, on ne nous a coiffés que beaucoup plus tard de parlementarisme britannique.

En France, l'expérience des Etats-Généraux
se prolongea durant trois cents ans, du début
du xive siècle au début du xviie (le triple de ce
qu'y a vécu encore le régime parlementaire,
qui se donne des airs d'être éternel) ; puis,
après 1614, il se fait une coupure de cent
soixante-quinze ans. Voici venir la Monarchie
qu'on s'est plu à dire « absolue ». L'esprit

parlementaire, au sens moderne du mot, naît dans le Parlement, corps judiciaire, au sens primitif de son institution. Les gens de Parlement, imprégnés de cet esprit, le répandent autour d'eux. Durant la Fronde, pendant la minorité de Louis XIV, il croît et s'affermit par le travail d'une force interne, des prétentions collectives, il devient l'esprit du corps. Bientôt, une force extérieure, l'attraction exotique, va s'y ajouter.

Jusqu'alors, jusqu'au commencement du xviiie siècle, sur le continent et spécialement en France, au moins en ce qui touchait à la science et à l'art du gouvernement, l'Angleterre avait la réputation d'un pays barbare. Le spectacle de ses agitations, dans la seconde moitié du siècle précédent, depuis 1648, n'avait excité que du dégoût. Vers la fin de la Régence, et un peu plus tard, de 1720 à 1730 (l'année 1728 fut, à cet égard, d'une importance extraordinaire), Voltaire et Montesquieu la mettent à la mode. Sous le rapport de l'organisation politique, l'Europe découvre l'Angleterre longtemps après avoir découvert l'Amérique. Par là-dessus accourt en ouragan Jean-Jacques qui nous apporte, dans la prose française la plus éloquente, sinon la plus pure, un livre moins genevois que suisse des Cantons forestiers. Avec lui, et en majeure partie par lui, le romantisme politique fait invasion dans nos cervelles, dans nos lois, dans nos coutumes, dans les règles et dans les pratiques de notre vie publique. Le microbe est d'une virulence extrême, l'infection est vite déclarée.

Si, entre 1614 et 1789, il y avait quelque chose à faire, il fallait le faire en restant dans le cadre français, ressusciter la forme française de représentation nationale, restaurer les États-Généraux en sommeil cataleptique depuis plus d'un siècle et demi, les rendre périodiques, au besoin même annuels. Mais l'introduction d'un faux régime parlementaire à l'anglaise allait nous faire, littéralement, *forligner*, nous jeter hors de nos voies, de notre histoire, presque de notre tempérament. Les circonstances aidèrent à la propagation du mal. Nos premières Assemblées, en pleine Révolution, devaient être frappées de névrose et d'hystérie. C'est la diathèse romantique. Nous y étions dorénavant abandonnés en proie, tandis qu'il eût été pour nous facile et probablement salutaire de nous en tenir à une « politique tirée des classiques français ». (Si le temps m'en est donné, je tenterai peut-être de l'en tirer quelque jour, et, s'il ne l'est pas, je recommande ce travail à de plus jeunes.) Mais laissons ces vains discours. Nous ressemblerions à des médecins de Molière dissertant au chevet d'un moribond:

*
* *

J'ai dit autrefois pour quelles raisons le régime parlementaire de type anglais ne pouvait pas s'acclimater en France. Article de fabrication étrangère, importé par le hasard des circonstances, il ne correspondait ni à nos besoins, ni à nos habitudes. Il reposait en théorie, et, dans sa belle époque, en fait, sur le jeu alterné de deux partis se succédant au pouvoir et respectant l'un ce qu'il n'aurait pas fait lui-même, mais ce que l'autre avait fait. Ainsi la continuité de la vie de l'Etat n'était pas rompue ; il ne subissait pas de sautes de direction à lui casser les reins. En France, il était bien impossible que nous eussions le régime parlementaire, puisque, sauf de très rares et très courtes exceptions, nous n'avons

jamais eu de partis, mais seulement des groupes, et fondés beaucoup plus sur des sympathies ou des antipathies, autour de quelques
personnes, que sur des principes ou des idées,
autour d'un programme.

D'ailleurs, ce jeu des partis ne peut pas être
joué toujours et partout. Le régime parlementaire a ses conditions qui, nulle part, à cette
heure, ne sont plus remplies. Il supposait une
sorte de « classe de parlement » héréditairement adaptée à sa fonction, préparée dès l'enfance, instruite ou, mieux encore, élevée à
cet effet, morale, désintéressée, riche ou de
fortune indépendante, capable d'entendre, sans
passer ni aux injures, ni aux coups, l'énoncé,
fût-il vif, d'opinions contradictoires. De cette
classe sortaient, par séparation, deux équipes
de gouvernement, mais qui, toutes les deux,
lui appartenaient, qui, toutes les deux, étaient
non seulement de cette même classe, mais
souvent des mêmes familles. Entre les deux,
il y avait donc des différences de penser et
de sentir, il n'y avait pas différentes manières
de se tenir, encore moins différentes manières
d'être. Même quand la partie était sévère, le
jeu se jouait entre *gentlemen*. Il n'y a qu'à

regarder maintenant la Chambre du haut des galeries publiques, ou tout bonnement à parcourir les comptes rendus du *Journal Officiel*, pour se convaincre que nous n'en sommes plus au temps de la discussion en dentelles, ni même en uniforme brodé, ni même en simple frac. Dans une des dernières législatures, la redingote du bon M. Jean Bon lui fit une célébrité. Mais elle n'était pas si ridicule. Mieux valaient les séances où l'on mettait l'habit que celles où l'on s'invite réciproquement à « tomber la veste ». Le tutoiement est le véhicule de l'outrage.

Un régime où, selon la remarque d'un Anglais illustre, « le pays est l'enjeu d'une partie de *cricket* qui se dispute entre les jaunes et les bleus », peut en lui-même paraître étrange. Mais, si la règle du jeu n'est plus observée, si, en réalité, il n'y a plus de règle, il cesse d'être étrange pour devenir absurde. Et si la menace, l'intimidation, la grossièreté ou la tricherie y prennent la main, il cesse d'être absurde pour devenir criminel. Ce sont les passages échelonnés du régime parlementaire au parlementarisme, et du parlementarisme à la parlementrite.

Il semble que le régime parlementaire n'ait
été qu'un fait contingent et temporaire, en
Angleterre, du temps où les deux partis étaient
plus ou moins conservateurs, où les whigs
l'étaient seulement un peu moins, les tories
un peu plus, et où la loi elle-même n'était
qu'un instrument de conservation sociale ;
dans un temps aussi de suffrage restreint qui
circonscrivait de très près le personnel éligible
en circonscrivant d'assez près le corps électoral.

Mais précisément la vraie question est de
savoir si le régime parlementaire est compatible avec le suffrage universel, la loi étant
devenue un instrument de transformation
sociale, ou si l'introduction du suffrage universel n'en a pas bouleversé toutes les conditions, et par là-même ne l'a pas détruit ; si
elle n'en devait pas fatalement amener la corruption, au premier degré, en parlementarisme, par l'élargissement simultané du champ
de la législation et du recrutement du législateur, qui faisaient de la représentation nationale une profession ; au second degré, en parlementarite, par l'extension illimitée de l'acti-
tivité législative et l'abaissement indéfini du

personnel parlementaire, qui ont fait de l'exercice du métier de député comme une ivresse ou une folie, comme une danse de Saint-Guy perpétuelle.

C'est une grande question, qu'on montre, comme si on craignait la réponse, peu d'empressement à aborder, mais que, pourtant, il faut bien poser. Elle en amène nécessairement une autre, plus redoutable encore. Toute forme de gouvernement doit être jugée par rapport à la façon dont elle permet à l'Etat de s'acquitter des devoirs pour l'accomplissement desquels ont été créés les gouvernements et sans l'accomplissement desquels il n'y a pas de gouvernement. En tête de la liste s'inscrivent : le devoir de protéger l'existence nationale, celui d'assurer la grandeur et la dignité de la nation, celui d'imposer le respect des lois civiles et criminelles.

Premièrement, protéger l'existence nationale. « Il reste encore à voir, écrivait sir Henry Maine dès 1883, comment les grandes armées permanentes pourront s'accorder avec un gouvernement populaire reposant sur une large base de suffrage. On ne saurait rêver deux organismes plus opposés l'un à l'autre qu'une armée disciplinée, équipée scientifiquement, et une nation gouvernée démocratiquement. » Plus pressant encore, M. Siliprandi demandait, en 1898, dans les termes les moins ambigus : « Y a-t-il jamais eu un peuple gouverné depuis longtemps dans la forme parlementaire pure, avec un large suffrage *individualistique* et romantique, qui n'ait pas été défait à la guerre ? » Et, s'appuyant sur les deux exemples, alors tout récents, de la Grèce, — guerre gréco-turque, — et de l'Espagne, — guerre hispano-américaine, — il proclamait que non, qu'il n'y en avait jamais eu (le gouvernement des Etats-Unis n'étant pas, à cause de l'importance, en réalité monarchique, de leur Président, de forme parlementaire pure).

Au lieu de « régime parlementaire pur », disons « parlementarisme absolu », et la proposition sera difficilement contestable. Je m'attends bien qu'on va m'objecter âprement l'exemple plus récent encore et plus éclatant de la guerre européenne de 1914 à 1918. Sans les Chambre, dira-t-on, sans les Commissions des Chambres, que de choses n'auraient pas été faites ! Oui, je sais. J'en étais. Mais je

sais aussi des choses qui n'auraient pas été
dites, même dans des comités secrets qui ne
pouvaient pas être secrets. Je sais le mauvais
travail que faisaient, persuadés qu'ils exécu-
taient une mission de salut public, les députés
amphibies qui passaient huit jours dans un
état-major et huit jours dans les couloirs. La
panique d'avril 1917 fut pour une part leur
ouvrage. Tout ce que j'accorde, c'est que le
Parlement n'a pas empêché de gagner la
guerre ; on ne me fera pas dire qu'il l'ait
gagnée ; et, dussé-je être honni, on ne me
fera pas nier qu'il eût pu nous la faire perdre.
Il suffit de la légende des volontaires de 1792 ;
ne la doublons pas et ne la triplons pas de celle
des Assemblées de stratèges et de celle de leurs
Commissaires aux armées.

S'il était acquis, sur le premier point, que
même la forme parlementaire pure protège
médiocrement l'existence nationale, il va de
soi qu'il n'y aurait pas lieu d'insister sur le
deuxième. Qui ne peut pas le moins, ne peut
pas le plus. Comment le parlementarisme, qui
n'est déjà plus cette forme pure, assurerait-il
la grandeur et la dignité de la nation ; et
comment la parlementarite, qui en est la défor-

mation morbide, se concilierait-elle avec le respect des lois civiles et criminelles ? Nous venons de voir, par des amnisties où toute justice s'énerve, le cas qu'elle en fait. Elle les ronge et les putréfie. Elle met le Gouvernement hors d'état de remplir les devoirs de tout gouvernement. Du coup, elle est jugée et condamnée. Ou elle, ou nous, c'est-à-dire : ou elle, ou la France. Pas un Français ne peut vouloir que ce soit la France qui périsse.

Mais, à la place de ce régime pernicieux, quoi ? Pour la troisième fois, je dis qu'il n'y a que trois solutions : réforme, dictature, révolution.

Le malheur est que la réforme ne pourrait venir que de la Chambre elle-même, et que c'est justement la Chambre qu'il est urgent de réformer. Et puis « la réforme », c'est dit d'un trait, mais laquelle ? Oserait-on porter sur le suffrage universel une main que la superstition démocratique a par avance décrétée sacrilège ? Pour éviter cette opération magistrale, les arrangements, les combinaisons, les artifices ne manquent pas. Moi-même, ici même, il y a trente ans, j'ai esquissé le plan d'une « organisation du suffrage universel », par la représentation des intérêts ou des forces sociales. L'idée a été reprise, l'an passé, et accueillie comme neuve. Peut-être avais-je eu tort d'avoir raison trop tôt, ou peut-être ai-je tort à présent de croire que je n'avais pas complètement raison. C'est ce que j'essaierai d'éclaicir en parlant de l'*électorite*. Dans le même sens, me haussant à une formule plus générale, j'avais prôné également « l'organisation de la démocratie ». D'Italie, où l'on éprouvait les mêmes maux que nous sans trouver plus que nous les remèdes, on m'a arrêté d'un seul mot : cette organisation est-elle possible ? Peut-on vraiment organiser ce qui ne supporte pas d'être hiérarchisé ? Je confesse aujourd'hui mes doutes.

D'autre part, à défaut de la réforme qui, réalisable, mériterait nos préférences, on n'aperçoit pas le dictateur, et l'on ne doit pas oublier que les révolutions ne se font pas par les hommes d'ordre.

Alors ?

Nous sommes très sérieusement malades. Mais, avertis du péril, ne désespérons pas. Les nations ne meurent pas sans se débattre, et l'Écriture nous enseigne que « Dieu les a faites guérissables ». Autant dire que notre chance suprême est en un miracle ! Je le dis. Pourquoi non ? Nous en avons vu d'autres, et de plus grands, dans notre histoire. Ce qu'on nomme le miracle, dans l'histoire, n'est que l'action inopinée de forces et d'hommes qui se révèlent. Mais c'est à nous d'en être les premiers artisans et de veiller, tout prêts à répondre à l'appel.

Avant tout, après tout, et à travers tout, il faut vivre.

L'ÉLECTORITE

Il y a *électorite* partout où, quelle que soit la forme du gouvernement, l'Etat presque tout entier repose directement ou indirectement sur l'élection. Sous cette forme ou sous cet aspect, le mal est encore plus général que sous la forme ou sous l'aspect de la *parlementarite*. Il est bien plus grave aussi, parce que, dans le corps électoral, qui, par le suffrage universel, englobe une partie de plus en plus grande de la nation, il attaque et atteint plus profondément la nation elle-même. Si la *parlementarite* est une danse de Saint-Guy, l'*électorite* est une carie des os.

Plus enracinée en chaque nation, la maladie est, d'autre part, plus répandue parmi les nations. Aucun pays d'Europe et des deux Amériques n'en est tout à fait exempt. J'ai eu l'occasion, ces dernières années, de rencontrer quelques hommes politiques qui ne sont pas de vulgaires politiciens et quelques philosophes ou juristes qui ne sont pas de purs abstracteurs de quintessence : plusieurs ne cachent pas leur inquiétude. L'un d'eux m'a dit sans ambages : « Nous en mourrons tous ! »

Par bonheur, il faut le répéter, les nations meurent difficilement. Quand elles veulent vivre, elles peuvent guérir. Mais à la condition de ne point ruser avec elles-mêmes et de ne s'arrêter devant rien. Elles doivent avoir le courage de vérifier les titres de leurs dieux et, lorsqu'elles les ont reconnus faux, de les renverser. Il arrive un moment où, pour leur salut, l'hérétique ne suffit pas, s'il n'est pas suivi de l'iconoclaste.

De toutes les idoles de la Démocratie, la plus barbouillée de vermillon, la plus horrifique, la plus « sacrée », c'est-à-dire la plus entourée d'une espèce d'effroi religieux, est le Suffrage universel. Porter la main sur elle, ou seulement lever un doigt contre elle, passera peut-être longtemps encore pour un crime capital. Enonçons donc simplement cette proposition que, le suffrage universel n'existant point de toute éternité, il pourrait se faire qu'un jour à venir il fût aboli, comme ont disparu d'autres modes de représentation dont la durée dépasse de beaucoup celle qu'il a jusqu'à présent remplie. Je sais qu'une pareille hypothèse heurte avec violence l'opinion commune. Mais, outre qu'à un certain degré de la connaissance ou de la pensée, il n'y ait pas à faire trop de cas d'un sentiment irraisonné, voisin d'une grossière superstition, ce n'est plus l'heure des flagorneries. Ou nous éliminerons le virus de l'électorite ou, de vie précaire en vie misérable, elle nous tuera.

*
* *

L'*élection*, — son nom l'indique, — ne devrait être qu'un *choix*. Que de fois j'ai vu feu Courcelle-Seneuil, homme de gauche, positiviste et tout ce qui s'ensuit, se « congestionner » à le soutenir par les motifs qu'il a développés dans son livre : *la Société moderne*, en termes qui méritent d'être cités ! « Comme on ne connaît, a-t-il écrit, aucune voie pour constater la capacité législative là où elle se rencontre, on a pensé que le meilleur moyen de la découvrir était de confier ce soin à un corps d'électeurs. La fonction de l'électeur est de choisir les hommes qu'il croit les plus capables d'être de bons législateurs et de bien conseiller le gouvernement, ou tout au moins des hommes honnêtes, prudents, sensés, de bon conseil. S'il était permis de prendre dans le droit civil une comparaison, nous dirions que l'électeur est un mineur incapable de gérer ses affaires auquel la loi remet cependant le droit de choisir son tuteur. »

Tel est, rigoureusement, étroitement défini par un auteur que nul ne saurait suspecter d'avoir été un « réactionnaire », le rôle légitime de l'électeur. Il ne s'agit pour lui que d'une fonction, et cette fonction se réduit à un choix. On se trouve ainsi ramené à la vérité étymologique, au sens primitif du mot, sens dans lequel il semblait possible de dire que le peuple est capable de remplir une telle fonction aussi bien ou pas plus mal que ne la remplirait le prince, « parce que, s'il se trompe dans les choses générales, il ne se trompe pas dans les particulières. Ou, s'il se trompe quelquefois dans la distribution des honneurs et

des dignités, c'est si rare, que les quelques personnes qui en seraient chargées à sa place se
tromperaient sans doute plus souvent et davantage ».

En effet, on l'a dit, et ce sont surtout des
Florentins qui l'ont dit; c'est au moins un Flo-
rentin et un très grand, Machiavel lui-même, à
plusieurs reprises. Selon sa coutume, il en a fait
une sorte de maxime, en ayant soin de préciser:
en cela, — dans ses choix, — le peuple ne se
trompe pas, « mais en cela seulement ». Encore le disait-il de ce qu'on appelait le « peuple » à Florence à la fin du xv° et au commencement du xvi° siècle : 2.000 ou 3.000 citoyens,
et d'un système électoral où tant de précau-
tions étaient prises contre le suffrage même,
que l'élection y était en quelque manière cor-
rigée par le hasard.

Même dans ces conditions, les résultats
qu'elle donnait étaient fâcheux, et, tout les
premiers, ceux qui, comme théoriciens, en
avaient préconisé le principe, ont été, comme
historiens, obligés de le reconnaître. Il n'y a
qu'à voir le tableau que nous ont laissé de ce
régime, entre 1498 et 1502 notamment, ies
Guichardin et les Giannotti. Et l'élection n'était

alors qu'un simple choix ! On ne lui demandait pas trop de choses et on ne le demandait
pas à trop de gens. Ce n'était pas le suffrage
universel, mais le suffrage restreint à un corps
électoral qu'on devait supposer sinon une élite,
du moins un triage. Son unique fonction était
de choisir « les hommes honnêtes, prudents,
sensés, de bon conseil », présumés « les plus
capables d'être de bons législateurs et de bien
conseiller le Gouvernement ». Or, l'expérience
a prouvé que, dans les bornes mêmes de la
définition la plus stricte, « le peuple se trom-
pait ». Le « mineur incapable » se donnait un
tuteur qui dilapidait son patrimoine et lui faisait faire des bêtises.

*
* *

Mais voilà que, trois siècles et demi plus
tard, les écluses ont été ouvertes et que le flot
s'est étalé. En France, pendant et depuis la
Révolution de 1789, il a, cinquante ans encore,
battu les portes avant de les forcer.

La Constitution de 1791 établissait une
Chambre unique, qui était nommée pour deux

ans et ne pouvait être dissoute. Cette Chambre
se composait de 745 membres, pour les 83
départements de la France, colonies non com-
prises. Les représentants étaient élus selon les
trois proportions du territoire, de la population et de la contribution directe. La représentation nationale avait donc, dans ce système, une triple base. Quant à l'élection elle-
même, on procédait de la manière suivante.
Le premier dimanche de mars, se formaient,
dans les villes et dans les campagnes, les
assemblées primaires des *citoyens actifs*. Pour
être citoyen actif, il fallait être né ou devenu
Français, être âgé de vingt-cinq ans, être domicilié dans la ville ou le canton, payer une
contribution directe au moins égale à la valeur
de trois journées de travail, n'être pas servi-
teur à gages, être inscrit au rôle des gardes
nationales, avoir prêté le serment civique.

Au-dessus des assemblées primaires, au
second degré, étaient les *assemblées électorales*. Les assemblées primaires nommaient
des électeurs en proportion du nombre des
citoyens actifs domiciliés dans la ville ou le
canton : un électeur par 100 citoyens, deux depuis 150 jusqu'à 250, et ainsi de suite. Il fallait,

pour faire partie d'une assemblée électorale,
être citoyen actif, et par surcroît, dans les
villes de plus de 6,000 âmes, propriétaire d'un
bien d'un revenu égal à la valeur de 200 journées de travail ou locataire d'une maison éva-
luée, en revenu, au prix de 150 journées de
travail. Dans les campagnes, il fallait être propriétaire ou usufruitier d'un bien évalué à un
revenu de 150 journées ou métayer de biens
évalués au prix de 400 journées de travail.
Étaient éligibles tous les citoyens, sauf incom-
patibilité des fonctions de représentant avec
d'autres fonctions publiques énumérées dans
la Constitution. Les représentants étaient rééli-
ligibles pour une législature, non rééligibles
ensuite, puis de nouveau éligibles après un
intervalle de deux ans. Ils étaient, dès lors,
inviolables, hors le cas de flagrant délit.

L'acte constitutionnel de 1793 s'en tient au
système de la Chambre unique, des assemblées
primaires et des assemblées électorales, mais
il enlève à la représentation nationale toute
autre base que la population. Il y aura un
député par 40.000 individus. Les assemblées
primaires, formées des citoyens actifs qui ont
six mois de domicile dans le canton et com-

posées de 200 citoyens au moins, de 600 au
plus, nomment un électeur à raison de deux
citoyens présents ou non, deux depuis 300 jusqu'à 400, trois depuis 500 jusqu'à 600. Les
électeurs ainsi choisis se réunissent en assemblée électorale et nomment immédiatement
un député. Tout citoyen actif est éligible. Est
dit citoyen actif tout Français âgé de vingt
et un ans, « et tout étranger qui, domicilié en
France, depuis un an, y vit de son travail, ou
acquiert une propriété, ou épouse une Française, ou adopte un enfant, ou nourrit un
vieillard, et mérite bien de l'humanité ».

Le suffrage à deux degrés subsiste, avec
quelques variantes pour les conditions de
l'électorat, dans la Constitution de l'an III
(1795). L'âge requis est toujours vingt et un
ans, mais, de plus, il faut être inscrit sur le
registre civique, payer une contribution directe, foncière ou personnelle, savoir lire et
écrire, exercer une profession mécanique (étant
entendu que l'agriculture en est une), n'être
point frappé d'indignité légale. La même organisation en assemblées primaires et assemblées électorales est conservée. Mais, au lieu

d'une seule Chambre, il y en a deux : le Conseil des Anciens et le Conseil des Cinq-Cents. Pour être éligible au Conseil des Cinq-Cents, il suffit d'avoir trente ans accomplis et dix ans de domicile sur le territoire de la République. Pour le Conseil des Anciens, il faut avoir quarante ans accomplis et quinze ans de domicile ; en outre, condition toute nouvelle, il faut être marié ou veuf.

La Constitution de frimaire an VIII (1799) ne brille pas par la simplicité, en ce qui touche l'organisation électorale de la France, non plus que le Sénatus-consulte de thermidor an X, qui en est directement et nécessairement sorti. Le pays est partagé en départements et arrondissements de communes. Les citoyens de chaque arrondissement communal désignent par leurs suffrages ceux d'entre eux qu'ils croient les plus propres à gérer les affaires publiques. Il en résulte une liste de confiance, contenant un nombre de noms égal au dixième du nombre des citoyens ayant droit d'y coopérer. C'est dans cette première liste communale que doivent être pris les fonctionnaires publics de l'arrondissement. Les citoyens compris dans les listes communales d'un département désignent également un dixième d'entre eux : il en résulte une seconde liste, dite départementale, dans laquelle doivent être pris les fonctionnaires publics du département. Les citoyens portés sur la liste départementale désignent pareillement un dixième d'entre eux : il en résulte une troisième liste qui comprend les citoyens de ce département éligibles aux fonctions publiques nationales.

Le système se composait, on se le rappelle, d'un Sénat conservateur qui comprenait quatre-vingts membres nommés à vie, d'un Corps législatif qui était formé de trois cents représentants, âgés de trente ans au moins, renouvelables par cinquième, et d'un Tribunat.

D'après le Sénatus-consulte organique du 16 thermidor an X (4 août 1802), chaque circonscription de justice de paix forme une *assemblée de canton* ; chaque arrondissement communal ou district de sous-préfecture nomme un *collège électoral d'arrondissement* ; chaque département nomme, pour les élections, un *collège départemental*. De l'assemblée de canton font partie tous les citoyens qui sont domiciliés dans le canton. Le collège

4

électoral d'arrondissement se recrute à raison d'un membre par cinq cents habitants. Il se compose de cent vingt membres au moins et de deux cents au plus. Le collège départemental se recrute à raison d'un membre par mille habitants ; il se compose de deux cents membres au moins et de trois cents au plus.

« Pour parvenir à la formation des collèges électoraux des départements », il est dressé une liste des six cents plus haut imposés. Sur cette liste, l'assemblée de canton prend les membres qu'elle doit envoyer dans le collège départemental. Les collèges d'arrondissement présentent au Premier Consul deux citoyens pour chaque place vacante dans le Conseil d'arrondissement. Ils présentent, à chaque réunion, deux citoyens pour faire partie de la liste sur laquelle doivent être choisis les membres du Tribunat. Les collèges départementaux présentent au Premier Consul deux citoyens pour chaque place vacante dans le Conseil général du département. Ils présentent, à chaque réunion, deux citoyens pour former la liste sur laquelle sont nommés les membres du Sénat. Les collèges électoraux de département et d'arrondissement présentent

chacun deux citoyens domiciliés dans l'arrondissement, pour former la liste sur laquelle
doivent être nommés les membres de la députation au Corps législatif. Un de ces citoyens
doit être pris nécessairement hors du collège
qui le présente. Le Premier Consul désigne les
présidents des collèges électoraux.

On le voit, cette organisation de l'an X était
d'une complication extrème. Son caractère
distinctif est que les collèges électoraux n'avaient plus qu'un droit de présentation et non
pas de nomination ; que le Premier Consul
faisait ce qu'il voulait, ou à peu près, et qu'il
était assuré de n'être pas gêné par la représentation nationale. C'était, en somme, une constitution consulaire, qu'il y aurait à resserrer
fort peu pour la transformer en Empire.

La Restauration ne revint pas à l'ancienne
forme française des Etats-Généraux. Elle
essaya de couler ses institutions dans le moule
britannique.

La Charte de 1814 établit deux Chambres.
De la première, la Chambre des pairs, font
partie de droit les membres de la famille royale
et les princes du sang. Les autres sont nommés

par le Roi à titre héréditaire ou à vie. La Chambre des députés est élue pour cinq ans et renouvelable chaque année par cinquième. Pour être éligible à la seconde Chambre, il faut être âgé de quarante ans et payer une contribution directe de 1.000 francs. Pour être électeur, il suffit de trente ans d'âge et d'un cens annuel de 3oo francs. Les présidents des collèges électoraux sont nommés par le Roi, qui nomme aussi, sur une liste de cinq membres, le président de la Chambre, quand elle est constituée. Tentative de régime parlementaire tempéré ; mais il n'est pas anachronique d'invoquer, en la parodiant respectueusement, la sentence de Royer-Collard : On ne fait point au parlementarisme sa part ; dès qu'il pénètre dans l'Etat, il l'envahit bientôt tout entier.

L'Acte additionnel de 1815, aux Cent Jours, reprend le système de l'an X, amendé dans un sens plutôt libéral. Au surplus, l'Empereur emprunte à la Restauration ce qu'il a cru qu'elle avait de bon et de désiré par le pays. Il va même un peu plus loin qu'elle : les collèges électoraux d'arrondissement nommeront, à l'avenir, leur président et leurs vice-présidents. La Chambre des pairs est conservée, et, en ce qui la concerne, Napoléon renchérit sur Louis XVIII. Sa pairie, à lui, est héréditaire.

Une loi votée en 1820 modifia la législation électorale de la deuxième Restauration. Elle portait à 430 le nombre des députés, sur lesquels 258 étaient nommés par les collèges d'arrondissement, composés des électeurs payant 300 francs de contribution directe. 172 députés devaient être nommés par les collèges de département, composés du quart des électeurs les plus imposés du département qui votaient dans les deux collèges. De là le nom de *Loi du double vote.*

Après 1830, sous Louis-Philippe, la pairie cesse d'être héréditaire. La Chambre des députés est élue pour cinq ans, au suffrage restreint, comme dans la Charte de 1814. L'âge fixé pour être électeur est de vingt-cinq ans accomplis ; pour être éligible, de trente ans, avec cens d'électorat et cens d'éligibilité. Le cens d'électorat est abaissé à 200 francs. Les électeurs nomment les présidents de leurs collèges, et le président de la Chambre est nommé par elle.

La Constitution républicaine de 1848 nous ramène à la Chambre unique. 750 députés, et

900 pour les Chambres qui seraient chargées de reviser la constitution. Le suffrage est direct et universel, le scrutin secret ; point de cens : tous les Français électeurs à vingt et un ans ; tous les Français éligibles à vingt-cinq ans. Voilà le principe posé ; ni la Constitution du 14 janvier, ni le Sénatus-consulte du 7 novembre 1852 n'y oseront toucher. Le gouvernement provisoire de 1871 et la République de 1875 se feront un point d'honneur de le respecter.

Le corps électoral se trouva ainsi brusquement augmenté, multiplié près de trente-cinq fois. Pour les élections du mois d'août 1846, les dernières qui se soient faites sous le régime censitaire, la population s'élevant à 35.401.761 habitants, il n'y avait que 240.983 électeurs inscrits. Aux premières élections qui se soient faites sous le régime du suffrage universel, celles du 23 avril 1848, il y eut 8.222.664 électeurs inscrits, le total de la population restant à peu près le même : 35.574.553 habitants. Dans le premier cas, le rapport des inscrits à la population était de 0,68 % ; dans le second cas, de 23,11 %.

C'est l'inondation.

*
* *

C'est une invasion barbare.

Il ne pouvait pas en être autrement. D'abord parce qu'on élargissait sans mesure le corps électoral. Ensuite, parce que, simultanément, le domaine de la législation et le rôle du législateur s'élargissaient sans limites. Dès qu'on sortait de la définition étroite, rigoureusement étymologique : l'élection est un choix, — n'est qu'un choix, — et qu'on demandait à l'électeur, devenu à peu près tout le monde (ou plutôt à tout le monde devenu électeur), non seulement de désigner une ou plusieurs personnes pour le représenter, mais de fixer sur tous les points ou du moins d'indiquer en leurs grandes lignes les directions de la politique elle-même, on se préparait des peines, en tombant dans l'absurde, car, quelque part qu'elles lui réservent, les affaires humaines n'en comportent qu'une certaine dose et ne le tolèrent qu'un certain temps.

Or, qu'il soit partout et toujours trop absurde de charger des gens qui ne connaissent pas le premier mot d'une question de la résoudre, c'est ce qui n'a pas besoin d'être démontré. Remettre au jugement de tout le monde la décision de toute chose, c'était risqué, même dans la démocratie primitive d'un canton montagnard, dont la vie publique se ramenait presque à des histoires de troupeaux et de pâturages et où le pouvoir ne se disputait qu'entre deux partis, celui des « bêtes à cornes » contre celui des « pieds fourchus ». C'était imprudent dans une commune où le débat ne portait que sur des rues ou des chemins, des bâtisses, des ruisseaux, des caniveaux et des égouts. C'était téméraire dans un Etat où la législation encore très simple n'était guère que la transcription par quelques conseillers professionnels de la volonté du prince, alors qu'à l'intérieur, la loi, dans l'ordre civil, ne faisait que consacrer et conserver, laissait une grande place à la coutume et, dans l'ordre social, abandonnait la substance quotidienne de la vie économique aux règlements des corporations de métier ; quand, à l'extérieur, la terre étant vraiment séparée en nations qui n'avaient entre elles que des contacts de proche à proche, la politique se trouvait pour ainsi dire forclose et comme retranchée ou extraite et placée hors du courant de la vie nationale. Alors, pourtant, le champ où venait travailler l'homme choisi par l'électeur était tout petit, par rapport à ce qu'il est maintenant.

Maintenant, c'est un domaine immense. Du double élargissement, simultané, de ce domaine et du corps électoral, il résulte ce phénomène peu rassurant. Plus la législation devient compliquée, plus le législateur devient simple, si bien que l'écart augmente constamment entre l'objet de la législation et la qualité du législateur. Les grands juristes qui ont fait le Code civil, avec tous leurs défauts de caste, trop roides, trop pointus, trop robins ou trop bourgeois, hommes d'ancien régime et d'ancien esprit, disciples de Pothier, les Maleville, les Tronchet, les Portalis, les Bigot de Préameneu, savaient peut-être un peu trop ce dont ils parlaient, mais ils le savaient bien. Aujourd'hui, les petits politiciens qui défont leur œuvre ne savent rien de rien. Devant des problèmes d'une difficulté croissante, beaucoup d'entre eux ont tout juste la culture politique d'un Andaman ou d'un Fuégien. Les plus hautes agoras du monde civilisé sont peuplées

de marchands de gris-gris plébiscités par des
nègres. Et nègres renforcés, non pas à cause
de la couleur de leur peau, mais à cause des
ténèbres de leur cervelle. C'est dans leur tête
qu'il fait noir, avec, subitement, des lueurs
rouges.

Ne nous payons pas de mots. Il serait fou de
chercher dans cette ombre épaisse une vue sur
quoi que ce soit ; il serait lâche, pour ne pas
nous sentir obligés d'en convenir, de feindre
de ne pas nous en apercevoir.

Maudit soit le premier (pour emprunter une
formule fameuse) qui, à cette masse confuse
et obscure, prêcha la fausse parole de sa « souveraineté » ! Le mot lui-même semble être
apparu dans la langue au xiiie siècle, avec Vil-
lehardouin et surtout avec Beaumanoir. Mais,
naturellement, il s'entendait du prince. Puis
on le retrouve au xvie, où Jean Bodin en donne
cette définition : « la puissance absolue et perpétuelle d'une république » (c'est-à-dire d'un
Etat). Il s'ennoblit, au xviie siècle, de toute la

majesté de la couronne royale, dans Corneille,
Pascal, Bossuet. Au xviiie siècle, Diderot le
prend encore au sens du droit international.

Pour rencontrer la « souveraineté » telle que
l'imagine la démagogie, il faut attendre la ve-
nue de Jean-Jacques. Mais, par exemple, dès
que celui-là arrive, quelle fanfare ! écoutez-
le : « La volonté de tous est l'ordre, la règle
suprême ; et cette règle générale et personni-
fiée est ce que j'appelle la souveraineté. » Ou
bien : « Le souverain, qui n'est qu'un être collectif, ne peut être représenté que par lui-
même. » Ou bien : « Le souverain, c'est la
foule des individus réunis par le pacte social ;
chacun est à la fois membre du souverain et
soumis au souverain. La souveraineté n'est que
la volonté générale et celle-ci est inaliéna-
ble. »

Benjamin Constant, éclairé et justement
effrayé par les excès révolutionnaires, tente en
vain d'endiguer le torrent. « Lorsqu'on établit, fait-il remarquer, que la souveraineté du
peuple est illimitée, on crée et l'on jette au
hasard dans la société humaine un degré de
pouvoir trop grand par lui-même et qui est

un mal, en quelques mains qu'on le place. »
Il insiste : « La souveraineté du peuple n'est
pas illimitée ; elle est circonscrite dans les
bornes que lui tracent la justice et les droits
des individus. La volonté de tout un peuple ne
peut rendre juste ce qui est injuste. Les représentants d'une nation n'ont pas le droit de
faire ce que la nation ne peut faire elle-même…
L'assentiment du peuple ne saurait légitimer
ce qui est illégitime, puisqu'un peuple ne peut
déléguer à personne une autorité qu'il n'a
pas. »

Effort inutile. La doctrine de l'éloquent et
spirituel publiciste est, du reste, aussi flottante
que ses sentiments mêmes : elle a, comme ses
convictions, « des détours un peu brusques ».
Il veut bien limiter la souveraineté, ou, mieux,
il ne veut pas de la souveraineté illimitée ; mais
il repousse le moyen qu'on avait pris alors
pour la limiter, en en échelonnant l'exercice.
Au fond, il est toujours de l'opposition ; il en
serait contre lui-même. « Dès l'introduction
de la représentation dans nos institutions politiques, l'on a redouté l'intervention du peuple, l'on a créé des assemblées électorales, et
ces assemblées électorales ont dénaturé les

effets de l'élection. » Elles en ont, suivant lui, rétréci l'horizon, abaissé le niveau. « Pour être nommé par le peuple, il faut avoir des partisans placés au delà des alentours ordinaires et par conséquent un mérite positif. Pour être choisi par quelques électeurs, il suffit de n'avoir point d'ennemis. L'avantage est tout entier pour les qualités négatives, et la chance est même contre le talent. »

Mais il est un autre point que Benjamin Constant avait exactement marqué, un autre péril qu'il avait vu clairement. Il a écrit là-dessus une page pénétrante, presque prophétique. « La seconde cause de nos défiances actuelles contre l'élection directe, c'est qu'aucune de nos constitutions n'avait assigné de bornes au pouvoir législatif. La souveraineté du peuple, absolue, illimitée, avait été transmise par la nation, ou du moins en son nom, comme c'est l'ordinaire, par ceux qui la dominaient, à des assemblées représentatives ; il dut en résulter l'arbitraire le plus inouï. La constitution... ne garantissait pas même, comme certaines constitutions américaines, les droits les plus sacrés des individus contre les empiétements des législateurs. Doit-on s'éton-

ner que le pouvoir législatif ait continué de
faire du mal ? L'on s'en est pris à l'élection
directe ; c'était une méprise profonde. Il n'en
fallait point accuser le mode de nomination des
législateurs, mais la nature de leur autorité.
La faute n'en était pas aux choix faits par les
représentés, mais aux pouvoirs sans frein des
représentants. Le mal n'aurait pas été moins
grand, quand les mandataires de la nation se
seraient nommés eux-mêmes, ou quand ils
auraient été nommés par une corporation
constituée quelconque. Ce mal tenait à ce que
leur volonté, décorée du nom de loi, n'était
contre-balancée, réprimée, arrêtée par rien.
Quand l'autorité législative s'étend à tout, elle
ne peut faire que du mal, de quelque manière
qu'elle soit nommée. »

Voilà un texte à retenir.

Cependant, la Restauration passait. La branche cadette succédait à la branche aînée. Peu
à peu, goutte à goutte, la démocratie s'infil-
trait. 1848 déchaînait la vague, Lamartine
allait transposer sur le mode lyrique le sophis-
me déclamatoire de Jean-Jacques : à la pour-
pre douteuse de la souveraineté, il allait cou-

dre les paillettes de l'égalité. « Tout Français qui a atteint l'âge d'homme est citoyen ; tout citoyen est électeur ; tout électeur est souverain. Le droit est égal pour tous et il est absolu. Aucun citoyen ne peut dire à l'autre : Je suis plus souverain que toi. »

Pour la beauté de la gradation, le poète homme d'Etat renverse les termes. Avant lui, l'échelle civique descendait du souverain à l'électeur ; avec lui, elle monte de l'électeur au souverain. C'est parce que tout Français est électeur que tout Français est souverain. Il reste que le suffrage est le signe de la souveraineté, et qu'il n'est pas seulement universel, mais égal. Avouons d'ailleurs que, posé sur cette base ou dérivé de ce principe, il est difficile de le concevoir autrement. L'universalité implique l'égalité, car comment distinguer entre un électeur et un électeur, et comment un souverain serait-il plus souverain qu'un souverain, dont le caractère essentiel est précisément de n'avoir point de supérieur ?

Il n'empêche qu'à ce degré d'ascension vers les cimes, c'est le vertige. On dit au peuple souverain, à chacun des huit millions d'électeurs entre lesquels se fractionne sa souverai-

neté : « Tu es Roi, Pape, Empereur ; ta des-
tinée est entre tes mains »[1]. Ses sens se trou-
blent, il perd pied. Pouvant tout ce qu'il veut,
il veut tout ce qu'il peut. Il pousse au bout
de sa puissance, dont il ne voit point le bout.
Comme il peut tout et veut tout, il sait tout
sans avoir rien appris, presque pour n'avoir
rien appris. L'Etat est jeté en pleine divaga-
tion, en pleine extravagance.

Nous sommes loin de la modeste fonction
d'élire qui consistait toute en un choix et qui,
le choix fait, était épuisée. L'élection n'est plus
de droit public, mais de droit divin. Si le
souverain délègue l'exercice de la souveraineté, il inspire, il dirige, il surveille à tout instant, dans tous leurs actes, dans tous leurs discours, dans toutes leurs démarches, ses délégués. Il règne et gouverne en permanence. Les
avocats, qui, saisissant les avantages que leur
assurait le jeu du régime, se sont empressés
pour le servir, lui ont fourni à point, avec
leur habitude du droit civil. la théorie com-
mode du mandat. Les élus du peuple sont pour
lui, et pour chaque électeur, plus ou moins

1. ROBERT (du Var), *Histoire de la classe ouvrière*,
publiée de 1845 à 1848.

que ses représentants ; ils sont ses mandataires,
et, par là, deviennent ses commissionnaires,
puis, de surenchère en surenchère ou de rabais en rabais, ses domestiques, ses serfs, ses
esclaves.

Si une révolution est, comme l'enseigne le
dictionnaire, un bouleversement, il n'y en eut
jamais de plus complète : toute la société politique, toute l'organisation sociale sont retournées. Circonstance aggravante, en effet : cette
révolution se produit dans le même moment
qu'il s'en produit une autre ; l'institution définitive du suffrage universel coïncide avec la
concentration du travail dans la grande industrie, où l'ouvrier, électeur, membre du souverain, prend tout ensemble un sentiment exces-
sif de sa dépendance, une conscience exagérée
de la force du nombre, et le désir d'employer
cette force à changer par la loi sa condition.
Les flatteries qui l'assiègent pour capter sa faveur l'y encouragent et l'y excitent. Constituer
la majorité, être maître de l'élection, c'est savoir tout, c'est pouvoir tout, c'est avoir tout.
Désormais, la politique est une guerre, la possession du Gouvernement une victoire, l'Etat
une proie

*
* *

Quelques voix protestent. L'une, étrangère, italienne, celle d'un proscrit [1], dénonce amèrement « l'épidémie particulière à notre temps, le *morbus democraticus...*, cette dangereuse sottise, le suffrage universel ». Elle déplore « que des gens qui se croient sensés veuillent remettre la direction de cette machine si délicate et si prodigieusement compliquée, le gouvernement d'un Etat moderne, aux décisions de la foule, c'est-à-dire aux égarements de l'ignorance et de l'imprévoyance », aux impulsions de « ce troupeau de bipèdes encore plongés dans les ténèbres de la pierre brute du miocène ».

Avec moins de fougue méridionale et moins de dédain par trop âpre, une autre voix, française, éminemment qualifiée, celle d'Auguste Comte, s'élève encore pour une sentence sévère : « Depuis plus de trente ans que je tiens la plume philosophique, j'ai toujours représenté la souveraineté du peuple comme une

1. DIOMEDE PANTALEONI, père du sénateur Maffeo Pantaleoni, décédé en 1924, que nous avons cité dans l'étude précédente, et lui-même mort sénateur du royaume d'Italie.

mystification oppressive, et l'égalité comme un ignoble mensonge. »

C'est un soufflet sur les deux joues de la nouvelle divinité. Il s'accompagne de cette explication : « Un déplorable exercice du suffrage universel a profondément vicié la raison populaire jusqu'alors préservée des sophismes constitutionnels et des complots parlementaires, concentrés chez les riches et les lettrés. Développant un aveugle orgueil, nos prolétaires se sont ainsi dispensés de toute étude sérieuse pour décider des plus hautes questions sociales. » Et ailleurs : « Les ravages intellectuels et moraux du régime constitutionnel, concentrés jusqu'alors dans le monde parlementaire et tout au plus étendus au monde électoral, se sont développés parmi nos prolétaires, dont ils ont gravement altéré la raison et la pureté par de misérables tactiques légales. »[1]

Mort en 1857, Comte n'a pu avoir qu'une très courte expérience du système nouveau ; elle lui a suffi pour en constater les effets et en prédire les conséquences. Pendant un demi-

1. AUGUSTE COMTE, *Pensées et préceptes*, recueillis et commentés par Georges Deherme.

siècle, les bruits du forum et de la tribune ont parlé plus haut que toutes les voix qui avertissaient, mais la série s'est déroulée, et, aujourd'hui, les faits parlent plus haut que tous les bruits.

*
* *

L'épreuve est faite, la preuve est faite. Le suffrage universel se résout en deux vices opposés, en deux calamités contraires. Ou la démence, ou l'atonie. Ou il emporte tout, ou il supporte tout. Point n'est besoin d'autre témoignage que ses deux dernières grandes consultations, les élections législatives du 11 mai 1924, les élections municipales des 3 et 10 mai 1925.

En mai 1924, le corps électoral se trouvait en présence d'une Chambre sortante qui, bien qu'elle n'eût pas réussi à dégager entièrement son âme, non pas faute d'hommes, mais faute de chef, avait eu du moins le mérite de ne pas se livrer sans pudeur aux tentations de la réélection .et le courage de suivre le Gouvernement à travers tous les sacrifices qu'il lui demandait. Cette fidélité, elle la lui avait gardée jusqu'à consentir, deux mois avant la date fati-

dique, des mesures rigoureuses, nécessaires
sans doute, peut-être salutaires, mais en elles-
mêmes chargées d'impopularité. Si elle n'avait
pu vaincre son inexpérience, si son cœur va-
lait mieux que son esprit, grâce à elle, grâce
au souffle patriotique dont elle était animée,
dans la législature qui finissait, la politique
française, quelles qu'aient été ses défaillances,
quelle que fût encore sa faiblesse, s'était rele-
vée et redressée. Il n'y aurait eu qu'à persévé-
rer pour qu'elle reprît dans le monde sa vraie
ligne et nous rendît notre vraie place. Qu'est-
ce qui a manqué ? Qu'est-ce qui a craqué ?
Comme un vent de tempête, le suffrage universel a rasé le fragile édifice.

Il y a trois semaines [1], le même suffrage universel avait à juger l'œuvre exécrable du Cartel qui, en moins d'un an, à l'intérieur et à
l'extérieur, a tout brouillé, tout cédé, tout perdu ou tout compromis. Il avait à dire ce qu'il
pense d'une autre politique qui a substitué à
l'union sacrée les divisions fratricides ; qui a
réveillé les haines sectaires ; qui, en provo-
quant des bilans incorrects, a falsifié et dépré-

1. Mai 1925.

cié notre monnaie, ravalé notre crédit, augmenté cette cherté de la vie dont ses coryphées avaient tiré prétexte pour faire campagne contre le Bloc national. Il avait à se prononcer sur la conduite de ce pseudo-gouvernement, de cet anti-gouvernement, qui n'avait eu que des caresses pour les éléments révolutionnaires, s'était mis sous leur protection directe ou indirecte, s'était abandonné à leur merci, ne leur avait pas même interdit la rue, l'avait partagée officiellement avec eux, les avait, d'un œil indifférent, vus venir et, d'une main passive, laissés venir jusqu'au seuil de l'assassinat. Le suffrage universel avait une occasion de condamner certaines complaisances qui touchaient à la complicité, certains retours qui semblaient un défi, certains renoncements qui ressemblaient à un reniement. Il devait être sous le coup immédiat, chez nous, du rappel de M. Caillaux, et, par delà le Rhin, de l'élection du maréchal Hindenburg. On dirait qu'il n'y a pas eu de coup, ou qu'il ne l'a pas senti.

Assurément, il ne faut pas vouloir forcer le sens des élections municipales. On peut discuter sur leur signification. L'on peut même douter qu'elles en aient une. D'abord, trop

de considérations locales et personnelles y sont
mêlées pour qu'elles marquent réellement une
orientation politique. Dans 39.500 des 40.000
communes de France, elles ne sont ni radi-
cales, ni modérées, ni socialistes, ni conservatrices, ni de droite, ni de gauche. Et dans les
500 villes, grosses communes ou centres de
propagande où elles ont une couleur, il y a
lieu de n'accepter que sous bénéfice d'inven-
taire le tableau peint par un artiste daltonien
sur la commande de son ministre. Les statis-
tiques enregistrant les succès du Cartel des
gauches, — communistes comptés à part, —
sont arrivées dès le lundi matin, et le lundi
toute la journée, en paquets si pesants que le
maquillage était visible, évidente l'intention
de gonfler ces succès en triomphe, pour la jus-
tification du passé, la consolidation du présent, l'exhortation à l'avenir. Ce n'est qu'à
partir du mardi que les prétendus défunts ont
obtenu d'être dénombrés, et il en est beaucoup qui ont repris vie. Mais le second tour
a été mauvais. Le moins qu'on puisse dire,
c'est, nous le constatons sans gloire, que les
choses sont platement demeurées ce qu'elles
étaient. C'est que le pays n'a pas eu le sursaut

de révolte qu'il aurait dû avoir. C'est qu'il s'est assis ou couché et s'endort au bord de l'abîme. C'est, symptôme plus alarmant que tout le reste, qu'hébété et paralysé, le corps électoral ne réagit plus.

**

Un autre indice que l'élection a usé toute sa vertu, si jamais elle en put avoir, est qu'elle est devenue sa fin à elle-même. Le candidat n'a d'autre passion que d'être élu, et l'élu d'autre souci que d'être réélu. Il n'est rien qu'ils n'immolent à cette obsession égoïste ; rien que le candidat ne dise, rien que le député ne fasse. Au lieu qu'on élise des représentants pour faire les affaires de la nation, on fait les affaires de la nation de façon à continuer à être censé la représenter. Ce qui est vrai de la Chambre, ou des Chambres, l'est aussi, aux plans secondaire et primaire, dans le département et dans la commune. L'élection est partout, elle y est toujours ; tout un monde vit à l'état de candidature perpétuelle ; et autour de lui, à cause de cela, tout un autre monde,

plus vaste encore, à l'état de mendicité et de
servilité perpétuelles. C'est ce qui constitue
proprement l'électorite. Et c'est un mal ter-
rible, à la longue mortel.

Que faire?

La principale difficulté tient à ce que le suffrage universel est en France un fait vieux de
trois quarts de siècle au moins, et que l'abus
y est aussi vieux que le fait. Une intoxication
aussi ancienne est, comme on dit, « passée
dans le sang ». Il y a des maladies avec lesquelles il faut s'habituer à vivre. Contre elles,
il n'existe pas de remède radical. Ce n'est pas
qu'on n'y puisse absolument rien, mais on ne
peut qu'atténuer par des palliatifs le venin
invétéré. Si, pour les raisons qui ressortent de
tout ce qui vient d'être exposé, il serait peu
pratique encore, au point d'évolution où en
est le mal, d'essayer de limiter le suffrage dans
son étendue, on peut le limiter dans son pouvoir, qui fait pour beaucoup sa nocivité. Si
l'on ne peut « resserrer l'Etat », restreindre
le corps électoral, on peut restreindre le champ
de la législation.

Les émollients qui se recommandent sont
connus. Depuis trente ans que je m'attache à

en découvrir, — la collection de la *Revue des Deux Mondes* porte la trace de ce long effort[1]. — j'en ai indiqué quelques-uns : l'organisation du suffrage universel par la représentation professionnelle, des intérêts, ou des forces sociales (sous réserve d'en déterminer plus exactement le mode et la mesure) ; la limitation du parlementarisme en son incompétence par la participation obligatoire soit du Conseil d'Etat, soit d'un Comité technique, à l'élaboration initiale et à la rédaction finale des lois ; une limite à son omnipotence, la garantie, par une Cour suprême, des droits essentiels et des libertés des citoyens.

Dans la suite, j'en étais venu à douter, non pas de l'efficacité de cette médication, mais de la possibilité de l'appliquer. Ici le malade et le médecin ne faisaient qu'un. C'était sur-

---

1. *La Crise de l'Etat moderne. De l'Organisation du suffrage universel, 1895-1896. — Le Pouvoir judiciaire dans la démocratie, 1899. — Parlements et parlementarisme. — Démocratie organisée et parlementarisme réel, 1900. — Romantisme politique et politique réaliste, 1901. — Les deux parlementarismes ; la Cour suprême des Etats-Unis. — La Réforme parlementaire, 1902. — Le Suffrage universel et l'évolution des partis politiques. — Comment on capte le suffrage et le pouvoir : « la Machine ». 1904. — La Méthode législative. 1906. — L'Anarchie provoquée, 1907. — Vers la représentation proportionnelle, 1911.*

tout le Parlement qu'il s'agissait de réformer ;
c'était sur lui qu'il fallait reprendre une partie
du terrain usurpé, et c'était de lui qu'on devait
attendre le geste spontané d'une abdication
toujours douloureuse. Vraisemblablement, selon la pente de la nature humaine, l'attente
serait sans espoir. Autant offrir à un homme
satisfait de la vie un sabre japonais pour « faire
harakiri » ! Seules les grandes catastrophes
disposent à cette folie de l'héroïsme. D'eux-
mêmes les hommes, et plus encore les assemblées, qui ne sont qu'un ramas d'hommes à
personnalité diminuée par une mutuelle en-
dosmose, en sont incapables.

Je doutais donc, quand j'ai eu la surprise
de retrouver presque identiquement ces formules dans le programme de M. Mussolini,
dont elles constituent, peu s'en faut, toute la
partie positive. Il est remarquable qu'après
trois ans de pouvoir absolu, le *Duce* en soit
arrivé aux conclusions où, par l'étude, nous
avait conduits la théorie pure. Il n'y a guère
autre chose dans ce programme. Mais, entre
la théorie et la pratique, il y a Mussolini. La
dictature serait-elle un couloir par où il faut
qu'une démocratie passe, lorsqu'elle s'est cor-

rompue et qu'elle doit ou périr de consomption ou être ramenée à son principe ?

*
* *

C'est un sujet très délicat. Il en est peu sur lesquels notre esprit soit aussi encombré de préjugés et dont l'écarte plus insurmontablement une sorte d'horreur verbale. Nos idées sur la dictature sont commandées par des exemples historiques trop récents pour être dépouillés de passion politique. Nous la voyons toujours à travers les Bonapartes, viciée à son origine par un coup d'Etat, issue de la violence et enfantant le despotisme.

Ainsi Rome avait fini par la voir à travers César. Mais ce n'était plus que la déformation, la corruption de la dictature même. A tort, une opinion superficielle se laissait prendre à ce qu'en effet César s'était emparé de ce titre pour donner à son usurpation de puissance une étiquette honorable. En somme, pourtant, et jusqu'aux jours de la décadence, l'autorité dictatoriale avait été bonne, et non nuisible à la République romaine, car c'est l'autorité que les citoyens s'arrogent de leur propre mouvement, et non celle qui leur est conférée par de libres suffrages, qui est funeste pour la liberté. Et ce n'est pas le nom ni même l'état de dictateur qui fit Rome esclave, mais bien l'autorité que s'attribuèrent des citoyens en perpétuant en leurs mains le commandement. A défaut de ce nom, ils en auraient pris un autre, puisque ce ne sont pas les noms qui font la force, mais la force qui fait les noms. Le tout est que le dictateur soit créé en vertu des institutions mêmes, dans l'ordre constitutionnel, et non par une entreprise de sa volonté ; qu'en outre certaines conditions soient observées. Le dictateur doit être créé pour un temps fixé, pour un objet précis. Si ce temps est court, si cet objet est manifeste, si enfin c'est la loi qui institue la dictature, elle est sans danger, elle peut être bienfaisante, une démocratie ne peut s'en passer.

En fait, la République romaine lui dut sa durée et sa grandeur. Ce fut comme sa soupape de sûreté. Sans quelque chose de semblable, les Etats auront grand'peine à se tirer des accidents extraordinaires, parce que, dans les républiques, les organes réguliers sont lents, doivent agir en combinaison, sans que chacun puisse rien par lui-même, et c'est un désavantage fatal lorsqu'il faut aller vite. Or, une république qui n'a pas prévu les accidents extraordinaires ou qui n'y a pas pourvu est imparfaite, elle est perpétuellement en péril. — Ces réflexions n'ont pas été écrites pour la circonstance ; elles datent de quatre siècles, et je n'ai fait que les traduire, en les résumant.

A leur lumière, faisons un retour sur nous-mêmes.

*
* *

Déjà s'annoncent les « accidents extraordinaires ». Déjà se dessinent, en dépit d'une phraséologie qui ne trompe plus personne, les conflits entre le suffrage universel et la liberté, entre le suffrage universel et la science ou l'intelligence, entre le suffrage universel et les nécessités de la défense nationale. Déjà, l'électorite touche à son période aigu.

Nous n'en sortirons pas par les voies ordinaires. Certes, si le Président de la République avait les pouvoirs suffisants, et d'assez fermes desseins pour s'en servir, il serait « la meilleure des dictatures », comme on a dit de Louis-Philippe qu'il était « la meilleure des républiques ». Mais il ne les a point, et ceux qu'il a, il ne s'en sert pas. Au surplus, y recourût-il, le plus qu'il pourrait faire remettrait encore trop au hasard. On ne pare pas par l'inconnu à des maux connus.

Tenir ce langage, c'est peut-être se bannir d'un régime prompt à traiter comme des hérésies damnables les vérités qui lui déplaisent. Mais il importe que les vérités soient dites. Si mon orthodoxie ou mon zèle sont suspects, je me place sous l'invocation de celui qui, réformateur et pontife, ayant distribué jour par jour entre des patrons éprouvés le calendrier républicain, en est devenu lui-même un des saints.

Auguste Comte, après avoir affirmé : « Le parlementarisme est un régime d'intrigue et de corruption où la tyrannie est partout et la responsabilité nulle part », a conclu : « Le moment est venu où les vrais républicains doivent attaquer de front un régime parlementaire absurde, et chercher en dehors de lui la forme qui convient au Gouvernement de la

France républicaine. » Puis, plus formellement encore : « Le remède aux maux causés par des institutions absurdes est dans la concentration qu'il faut faire du pouvoir exécutif, et du pouvoir législatif dans les mains d'un seul homme d'Etat, directement responsable devant le pays et dépourvu du droit d'hérédité, et dans l'établissement connexe d'une pleine liberté spirituelle. »

Il faut vivre: Aidons les forces à agir et les hommes à se révéler. Aussi bien la solution ne dépend-elle plus de nous seuls. Des trois issues que l'on entrevoyait, l'une, la réforme, comme simple réforme, étant impossible, l'alternative se pose avec la révolution.

C'est le cas de nous souvenir que l'élection est un choix, et de ne pas choisir Lénine.

III

LE N'IMPORTEQUISME

Pour les noms à donner aux « maladies de la Démocratie », — puisque c'est par là, par donner des noms, que commence toute médecine, — je n'ai point reculé devant « la Parlementarite », ni devant « l'Electorite ». Je n'ose pourtant pas risquer « la N'importequite ». Deux ou trois académiciens, que j'ai consultés, ont hoché la tête. Respectons leur juste scrupule. Aussi bien s'agit-il d'un état chronique plutôt que d'un état aigu, d'une diathèse plutôt que d'une crise. Nous dirons donc le *N'importequisme*, comme on dit « le rhumatisme » ou « l'arthritisme ». Il semble, on ne sait pourquoi, que la langue en soit moins écorchée.

En même temps que d'une indifférence qui va au dégoût par la lassitude, cet état morbide procède, sous certains de ses aspects ou dans quelques-unes de ses manifestations, d'un autre mal généralement connu et appelé tour à tour « l'envie démocratique », « l'ingratitude populaire », « la haine ou la défiance des supériorités », « le culte de l'incompétence », aboutissant, pour finir, à « la République des camarades ». C'est, on le voit, un état très ancien, à vrai dire aussi vieux que les hommes et les peuples. Mais, dans nos sociétés, dont la fibre est plus molle et la tenue moins sévère, il s'est développé extraordinairement. Nous nous y sommes habitués assez pour ne le sentir presque plus, ne plus nous en plaindre et presque nous en rire, ainsi qu'on plaisante entre soi d'infirmités que l'on croit à la fois incurables et bénignes. Un mal si lent, si couvert, si peu mordant, ne se fait sentir, ne nous arrache un cri que dans ses accès, qui sont rares, lorsqu'il atteint ou dépasse un trop haut degré. Mais l'accoutumance que nous en avons ne l'empêche pas de pousser sournoisement sa mine. En abaissant par une dépression constante le niveau du personnel gouvernemental, législatif et administratif, en envahissant un à un tous les organes de l'Etat, il détend les muscles de la nation, il en ronge les nerfs et les use, la laisse incertaine d'elle-même, désintéressée de ses affaires et de ses destinées, incapable de vouloir et d'entreprendre, prête à tout accepter ou tout supporter sans réagir. Ceux-là ou d'autres, cela ou autre chose. Aujourd'hui ou demain, ici ou ailleurs. N'importe qui, n'importe quoi, n'importe quand, n'importe où, n'importe comment. Ainsi se contracte, s'étend et se propage le n'importèquisme.

*
* *

De cette troisième maladie de la Démocratie, le microbe circule du haut en bas de la République et, à la lettre, la gruge. Le n'importequisme a son principal foyer dans les Chambres, et plus précisément dans la Chambre des députés. Nul n'entre ici avec une situation faite. Tout titre antérieur ou extérieur est aboli. La vie commence au jour où l'on franchit le seuil du Palais-Bourbon. Le « passé » ne compte pas ou compte peu. Aucune spécialité ne confère l'autorité. La plupart des collègues ignorent, et le reste oublie. Chacun d'eux est comme l'homme qui passait par Avignon : « Si M. X... était ce qu'on dit qu'il est, cela se saurait ! » Même pour ceux qui savent, cela s'efface. Ils ne nient pas le mérite ou la réputation, mais ils les situent dans un autre plan. Un Barrès, par exemple, n'est point, à son arrivée, dépouillé de tout prestige, mais sa célébrité ne lui sert qu'à entourer sa tête d'un halo vague comme une gloire de vitrail. Encore, pour un Barrès, hier et avant-hier pour un Victor Hugo, pour un Lamartine, peut-on observer que les génies et les genres sont différents, qu'il n'y a pas de rapports nécessaires entre la poésie, la grande prose, l'imagination créatrice, le style, et la politique.

Pour d'autres, moins illustres, mais dont la carrière, poursuivie moins loin des réalités, devrait, semble-t-il, être considérée presque comme une introduction à la vie parlementaire, on s'explique mal qu'ils soient plutôt frappés d'une sorte de suspicion professionnelle. La tribune est un lieu où il est loisible d'aborder tous les sujets, excepté ceux sur lesquels on avait pris de longue date le soin de

se préparer. Un professeur de droit exposant
une question de droit fleure comme un pédant
qui veut faire sa leçon : il faut entendre de
quelle voix les Raffin-Dugens envoient cette
présomptueuse engeance « à l'Institut ! » On
écoutera volontiers, et plus ou moins bien,
tout le monde sur toute chose, mais personne
en particulier sur rien de particulier. Ce serait
contraire à la règle, sinon au règlement. Ce
serait une entorse aux usages, si ce n'est à la
civilité. Ainsi qu'il y a maintenant « un Français moyen », il y a un « député moyen ».
Aucun homme n'est qualifié sur preuves pour
aucun office. Révérence gardée, et sauve la
noblesse de la comparaison, dans la course
parlementaire, tous les partants sont rangés
sur la même ligne ; on rend des points à tel
jockey ; on ajoute du poids à tel autre ; autant
qu'on le peut, on équilibre les charges, on
égalise les chances. Il y aurait une espèce de
consolation, une atténuation de regret, si, à
défaut de renommée ou de notoriété, et sans
l'éclat du *pedigree*, les concurrents appor-
taient, en dédommagement, une compétence
modeste, mais certaine. C'est, malheureusement, très rare. Neuf fois sur dix, du moyen

il ne sort que du médiocre. De n'importe qui,
n'importe quoi.

A la racine du mal, nous retrouvons toujours l'électorat. L'élection devrait être un
choix. Elle n'en est pas un. Mais, sans s'appro-
prier, pour juger une liste de candidats, le
langage sévère du radical anglais Stuart Mill
parlant de « la demi-douzaine d'oranges pourries qui composent peut-être tout l'assorti-
ment du marché local », il faut avouer que le
choix est parfois difficile. Si toutes les oranges
ne sont pas pourries, beaucoup ne sont pas
mûres ; et souvent ce ne sont pas les meilleures
qui sont le plus demandées. La vérité est que
le suffrage universel les ramasse toutes en vrac
et les met toutes dans le même panier. J'ai
employé jadis d'autres images ; j'ai dit que
« le suffrage universel ne filtre pas », que
« c'est un filet à prendre tout poisson ». Cette
abondance de métaphores exprime un seul fait,
simple et désolant. L'élection devrait être un
choix, l'élection n'est pas un choix. Il arrive
même que ce soit un choix à l'envers. L'accla-
mation populaire délivra Barabbas et livra
Jésus au bourreau.

*
* *

Voilà la Chambre réunie, les échantillons
étalés sur les banquettes. La première opération qui se fait est symbolique. Il s'agit tout
d'abord de former les bureaux pour l'examen
des dossiers et la validation des élus procla-
més. Cette opération se fait par la voie du sort,
c'est-à-dire qu'elle n'est nécessairement ni
juste, ni injuste. Le hasard a parfois de l'esprit. On se transmet encore de législature en
législature l'histoire de cet homme avisé qui
« tomba » ainsi du premier bureau, et qui
utilisa aussitôt cette bonne fortune, pour s'élever, par un bulletin de victoire, dans l'estime
de ses électeurs patriotiquement flattés. Le
deuxième acte est la constitution des Commissions. Jadis c'étaient les bureaux tirés au sort
qui les nommaient après discussion. Depuis
une quinzaine ou une vingtaine d'années, les
Commissions, organes de la vie intérieure de
la Chambre, sont désignées par les groupes,
associations volontaires d'opinions semblables
ou voisines, suivant un système approximati-

vement proportionnel au nombre de leurs membres. Il peut y avoir dans le groupe échange de vues préalable, mais on s'attache surtout à satisfaire des désirs, des ambitions ou des intérêts, et, en tout cas, on y a égard aux convenances personnelles au moins autant qu'aux compétences. Pourquoi M. Y... est-il de la Commission des finances ? Est-ce donc un financier ? On ne saurait l'affirmer, lui-même ne le prétend pas, mais il tenait beaucoup à en être, et il avait battu le rappel de ses amis.

La Commission composée, il lui faut se constituer, en se donnant un président. Alors la politique reprend ses droits et prérogatives. Il fut un temps où le maréchal Canrobert, au Sénat, expliquait, avec sa verve pittoresque, pour quelle raison il ne pouvait accepter de faire partie de la Commission de l'armée. S'il en était, disait-il, un des membres, il serait impossible qu'il ne la présidât point, lui, « le doyen des maréchaux de France et d'Europe » ; mais il était également impossible qu'il la présidât, « car il était sourd ». Naïf scrupule du soldat légendaire de Zaatcha et de Gravelotte, que ses collègues lui auraient ôté en ne songeant même pas à lui pour la présidence !

Un cas pareil s'était produit dans la salle à
côté pour la Commission de la marine, où un
amiral s'était vu écarter, au profit d'un civil
qui n'avait peut-être jamais vu la mer que de
la terrasse d'un casino. Et cette interversion
scandaleuse des valeurs se faisait au Sénat, qui
est, ou qui était, une manière d'Académie parlementaire : que dire de ce qui se passe, et
déjà se passait, à la Chambre ?

Je n'ai pas à descendre très avant dans mes
souvenirs pour évoquer la figure d'un certain
président de Commission à qui le Ministère
intéressé fournissait tout faits des rapports
qu'il pouvait à peine lire, qui suait sang et
eau à les déchiffrer, dont, au surplus, l'instruction générale était encore au-dessous de la
préparation spéciale, et à qui, néanmoins,
grandeur usurpée, un chef de gouvernement
dans l'embarras ne balança pas à confier un
portefeuille destiné à être plus que jamais
gonflé de la pensée et de la prose d'autrui.

Les Commissions, on le sait pour plusieurs
de leurs membres, ne sont fréquentées qu'autant qu'elles sont des pépinières de ministres.
Convenons qu'il pourrait y avoir là un principe d'émulation. On se signalerait par son

activité, ou tout au moins par son assiduité,
dans ce fameux « travail des Commissions »,
si opportunément opposé à l'agitation brouillonne des séances publiques et qui sert d'ex-
cuse devant leurs électeurs à des députés quelquefois aussi peu empressés à une besogne
qu'à l'autre. Ce serait vrai, je veux dire qu'il
serait vrai que les Commissions sont des pépinières, — n'écrivons pas, grand Dieu ! des
« séminaires » de ministres, — et qu'on s'y
distinguerait par son zèle jusqu'à s'y rappro-
cher du maroquin, si de nouveau, ici, dans la
formation du Cabinet, la politique n'interve-
nait pas en maîtresse. Et non seulement la
politique, prise au sens le plus général, ce qui
est logique et légitime, mais la politique ré-
duite à la mesure parlementaire la plus étroite ; et non seulement un dosage de groupes,
mais une acception et une exception de personnes. On n'aurait certes point pensé à Un
Tel, si, par son humeur heureuse, sa mine
hilare, sa belle santé, la poignée de mains pro-
digue, le verbe abondant, le tutoiement rapide, la familiarité de ses propos et de ses façons,
dans les couloirs, dans la salle des Conférences
où l'on expédie côte à côte la correspondance,

sur les banquettes rouges du salon Casimir-
Périer, devant le marbre de la buvette, il ne
s'était révélé « un bon garçon », un « excel-
lent collègue ». Bon garçon, oui, mais qui,
exactement ? Bien peu, passé le petit cercle
des députés de son département, pourraient le
dire. Et bon à quoi ? Quant à cela, du haut de
son socle, à travers les siècles et les régimes,
le Béarnais de pierre qui, depuis la Restauration, surveille ici la lecture des journaux, lui
souffle, avec un sourire engageant dans sa
barbe, la formule des sages accommodements :
« La violente amour que je porte à mon peuple
m'a rendu tout facile et honorable. » A lui aussi, à ce bon garçon, tout est honorable et facile. « Eminemment quelconque », selon le
mot qu'aimait à répéter ce vieux *scholar* de
Jules Quicherat, il s'offre à une tâche « éminemment quelconque ». N'importe qui attend
et accepte n'importe quoi.

*
* *

On l'appelle n'importe quand, pour le
mettre n'importe où ; il s'en tire n'importe

comment. De 1871 à 1914, la République a élevé au rang consulaire plus de trois cents personnages (trois cent vingt environ). Il pourrait paraître piquant de rechercher combien, dans ce nombre, étaient préparés, par leurs antécédents, non pas à cet honneur, les honneurs étant la chose du monde à laquelle il est le plus aisé de s'adapter sans préparation, mais aux fonctions dont il était l'ornement ou la récompense. Ce serait, en réalité, long et fastidieux ; toutes nos découvertes iraient à la même fin. Contentons-nous de prendre pour spécimen un seul département ministériel, un des plus récemment créés, le plus récent après le ministère du Travail, le ministère des Colonies. D'abord sous-secrétariat d'Etat, il a vu passer en vingt-cinq ans vingt-deux titulaires, qui furent (je m'arrête avant la guerre) : deux négociants, deux ingénieurs des Ponts et Chaussées, un ingénieur des Mines, trois avocats, un médecin, un directeur général de l'Enregistrement, un actuaire et égyptologue, un professeur à l'Ecole libre des sciences politiques, trois gens de lettres, un ancien préfet, un ancien juge de paix, un ancien notaire, un ancien officier, un ancien avoué, deux dé-

putés de profession incertaine. De 1914 à 1925,
la liste s'est allongée, sans que le caractère en
soit changé. Et il en serait de même pour tous
les autres ministères.

Remarquez, en outre, que plusieurs de ces
personnages consulaires ont été deux, trois ou
quatre fois consuls, comme à Rome, — quelques-uns davantage, — et que presque tous ont
tenu successivement des portefeuilles différents : Colonies, Guerre, Affaires étrangères,
Commerce, Finances, Instruction publique,
Marine, Intérieur. Vous le savez bien, et je le
sais bien : c'est en forgeant qu'on devient for-
geron. Toutefois, est-ce en forgeant qu'on devient menuisier ? Imitons la prudence des anciens Egyptiens qui, laissant les vivants à leur
grandeur et à leur misère, ne jugeaient leurs
rois que morts. M. Tirard fut en son temps
ministre de l'Agriculture et se rendit célèbre
comme tel par l'admiration étonnée qu'il té-
moigna dans un Comice régional en présence
d'un épi de maïs, objet nouveau qui le cloua
sur place, loin de le faire s'enfuir. Il est vrai
qu'il cumulait avec le ministère du Commerce,
et que, dans la suite, il permuta pour le ministère des Finances, en y ajoutant la présidence

du Conseil. De son métier, il était horloger.
Dans la chaîne en « doublé » des grandes uti-
lités, il fut l'intermédiaire privilégié entre
M. Duclerc et M. Sarrien. Il sembla pendant
dix ans que la France ne pût se passer de lui, et
que, lui défaillant, elle fût à l'abandon. Le
comique intense de ces sortes d'illusions ne
ressort qu'à la longue. Sont-elles dissipées ? En
sommes-nous guéris ?

A défaut d'école où l'on forme des ministres
pour chaque ministère (et la meilleure école
du pouvoir sera toujours l'exercice du pouvoir), il faut bien prendre les ministres où
l'on peut. Il faut les prendre où il y en a.
Pour ce qui est de la quantité, rassurons-nous,
il y en a. Un député, à qui l'on exprimait le
regret qu'il eût refusé d'entrer dans la combinaison, apaisait le chagrin de son interlocu-
teur par cette parole pleine de promesses :
« Un de perdu, il s'en offre deux cent cinquante ! »

Mais, justement, c'est, dans l'esprit de tout
homme raisonnable, la condamnation de ce
régime, qu'en des circonstances comme celles
où nous sommes, et dont c'est parler par
euphémisme que de les traiter de temps diffi-

ciles, de temps forts, — *tempi forti,* — ou
même de temps durs, il y ait tant de candidatures déclarées, tant de concours spontanés,
pour des fonctions qui ne seront qu'un fardeau, une épreuve, peut-être un supplice. Une
telle fureur dénote la plus singulière inconscience. Dans un pareil état des âmes, des intelligences et des mœurs, la seule chose qui soit
à peu près certaine, c'est que, si l'on s'est qualifié par ses études et ses occupations pour une
fonction déterminée, on n'y sera point appelé, parce que les rivaux auront pu, comme on
dit, voir venir, et barrer le chemin. Peut-être
sera-t-on admis à une autre, pour laquelle on
n'était pas fait. Ce qui eût dû qualifier ne qualifie pas, ce qui ne devrait pas qualifier qualifie. Je ne veux pas aller jusqu'à dire que ce
qui, normalement, sainement, devrait qualifier disqualifie. Pourtant, quand la jalousie,
« l'envie démocratique », s'en mêle, « la République des camarades » préfère n'importe qui
pour n'importe quoi. Les jours sont venus où
l'on n'a plus la ressource de Figaro, et où l'on
ne peut plus se hâter d'en rire, de peur d'être
obligé d'en pleurer.

*
* *

Sans doute le n'importequisme démocratique était en germe dans le principe démocratique d'absolue égalité. Pour éviter qu'il ne se développât aussi épidémiquement, l'article de la Déclaration des droits de l'homme et du citoyen sur l'égale accessibilité de tous à tous les emplois eût dû s'entendre, si l'on peut ainsi dire, au sens négatif. Il devrait signifier qu'à égalité de mérite, ou plutôt à supériorité de mérite, nulle inégalité de naissance, nulle infériorité de condition ou de fortune ne pourrait empêcher aucun citoyen de s'élever à aucun emploi. Il aurait fallu introduire la réserve prudente de M. Joseph Prudhomme, esprit souvent judicieux de petit bourgeois français, pour qui tous les hommes étaient égaux, et qui ne voyait entre eux « d'autre différence que les distinctions qui les séparent ». Mais, du moment que l'on passait au positif et à l'actif, que l'on mettait l'accent sur l'égalité et que l'on effaçait ces distinctions mêmes, on déchaînait la ruée des appétits, on invitait à la conquête de l'Etat où l'on installait l'incapacité, pêle-mêle avec les

talents, et qu'on menaçait de la ruine par le
désordre et l'inertie, le gaspillage et le cou-
lage.

Ainsi se fondait, sur des obligations réci-
proques, une « féodalité » nouvelle. C'est le
mot propre, et je ne l'écris pas par à peu près,
comme les socialistes, par exemple, écrivent
« la féodalité financière ». J'en ai, à cette
place même, plus d'une fois démonté le méca-
nisme, dont une des maîtresses pièces, ainsi
qu'à l'origine de l'autre, est la « recomman-
dation ». Ce terme, au plein de sa force, avant
qu'il fût affaibli par l'usage, traduisait le latin
commendatio, qui résumait la formule
« *Commendo me in manus tuas.* Je me remets
entre vos mains. » Il en résultait un contrat
exprès ou tacite, par lequel on échangeait des
services, d'un côté la protection, de l'autre la
« fidélité », avec tout ce que cette fidélité com-
portait de charges en des temps très rudes,
dans la paix et dans la guerre. Par là
s'établissait de l'un à l'autre un lien de
dépendance où se trouvaient mutuellement
engagés, plus ou moins, le protecteur et
le recommandé. Toutes choses égales d'ailleurs, c'est le même lien ou un lien sem-

blable, qui les engage maintenant encore.
Seulement, le suffrage universel, l'électorat, a retourné le nœud. Plus serré jadis du
suzerain au vassal, il l'est davantage à présent
du client au patron. Le bulletin de vote a fait
du recommandé le maître de son protecteur.
Celui-ci, qui ne peut se maintenir que par le
nombre, et pour qui perdre une voix, c'est
peut-être se perdre, ne lui refuse rien, court
au-devant de ses désirs, lui livre ou lui aban-
donne tout. « Toutes les places et tout de
suite ! » crie le comité au député, qui tremble
et le répète comminatoirement au ministre ;
mais le ministre sent son portefeuille qui glisse,
et, à son tour, il cède. Mettons les choses au
mieux : c'est, dans tous les emplois d'Etat,
grands et petits, une invasion, ou, ce qui, à
la longue, pénètre plus profondément, une
incessante infiltration d'incompétences.

Mais cette contagion a trouvé un terrain
propice ; elle a été efficacement aidée par les
contacts quotidiens et le coudoiement des couloirs parlementaires, où fleurit et fructifie « la
République des camarades ». Là, chacun pour
son compte comprend les nécessités de la vie,
et qu'il faut bien se passer les uns aux autres

quelque recommandé impropre à la fonction.
Là, personne ne médit de la faveur, parce que
chacun, à son heure, en joue. La faveur n'est,
du reste, pas la seule source de l'incompétence. Il y a aussi son contraire, qu'on ne sait
trop de quel nom appeler, jalousie, animad-
version, envie démocratique, ingratitude populaire, mais qui est ingénieux et tenace comme la convoitise et la haine. Pour cette passion intéressée, l'antique adage : « Ote-toi de
là, que je m'y mette » est insuffisant : elle
dit, ou elle pense : « Je t'ôte de là pour m'y
mettre », et elle y travaille sans relâche. Tous
les régimes, dans tous les pays et dans tous
les temps, les ont connues toutes les deux, la
faveur et l'envie ; mais, jusqu'ici, l'on avait
cru que la faveur était plus forte dans la monarchie et que l'envie l'était plus dans les
républiques.

Ce que Montesquieu a dit du courtisan :
« L'ambition dans l'oisiveté, la bassesse dans
l'orgueil, le désir de s'enrichir sans travail,
l'aversion pour la vérité, le mépris des devoirs
du citoyen, la crainte de la vertu du Prince,
l'espérance de ses faiblesses, forment le caractère du plus grand nombre de courtisans »,

ce tableau représente en raccourci toutes les formes de gouvernement, et la République aussi bien que la Monarchie. Il n'y a qu'un mot à changer, et à remplacer « le courtisan » par « l'arriviste ». Sénac de Meilhan a indiqué adroitement le passage de l'un à l'autre. Peu à peu « on s'est habitué à considérer moins dans les places les distinctions honorifiques que les avantages pécuniaires »[1]. Ni la nation française, ni la société française n'y ont rien gagné. Elles ont emprunté de la démocratie quelque chose de plus grossier, de plus brutal, par cela même que ce sentiment est devenu plus commun. L'ambition du courtisan, avec les moyens pervers qu'elle emploie, s'est enveloppée d'hypocrisie plus qu'elle ne s'est tempérée ou modérée chez l'arriviste. A l'un comme à l'autre s'applique l'amère maxime de La Rochefoucauld : « La haine que l'on porte aux faveurs n'est que l'amour de la faveur. »

[1]. Sénac de Meilhan, *Le Gouvernement, les mœurs et les conditions en France avant la Révolution*, avec une introduction et des notes par M. de Lescure ; Paris, Poulet-Malassis, in-16 (sans date), p. 90.

*
* *

Dès lors qu'elles se sont réunies et qu'elles ont conspiré ensemble, l'envie faisant la place vacante et la faveur se précipitant pour s'en emparer, qu'est-ce qui leur résisterait ? Blessé en sa probité de bon travailleur comme en sa loyauté de bon citoyen, Émile Faguet a dénoncé naguère « le culte de l'incompétence ». Mais non ; ceux mêmes qui la répandent ne la prêchent pas, ils n'en ont pas le culte. Ils ne la décrètent pas ; ils la tolèrent tout simplement, et ils l'exploitent, se bornant à sacrifier à une incompétence qui les sert une compétence qui les gênerait. Que ce soit funeste à l'Etat, ils ne peuvent guère l'ignorer. C'était une vérité connue déjà chez les Mérovingiens, puisque la formule de nomination d'un comte portait cette déclaration : « La bonté royale mérite surtout des éloges lorsqu'elle sait choisir entre tous les sujets ceux que distinguent leur mérite et leur vigilance. Nous ne devons confier les fonctions publiques qu'à ceux dont la fidélité et le zèle sont éprouvés. Ayant donc une connaissance certaine de ta fidélité et de

ton utilité à nous servir..., etc... » [1] De ce
protocole naïf autant que solennel, la pratique
moderne n'a retenu que « l'utilité à *nous* servir ». Le mérite, la vigilance et le zèle ont été
relégués à l'arrière-plan. S'ils s'adjoignent à
« la fidélité », entendue de la manière la plus
égoïste, à « l'utilité » la plus personnellement
utilitaire, tant mieux ; mais tant pis, si ces
qualités considérées comme secondaires ne se
rencontrent pas ! Quant à choisir, le choix est
lié par le double engagement du patron au
client, du client au patron. « Nommez un tel,
je veux un tel, il est mon homme. » Etre
l'homme de quelqu'un, ce n'est pas plus une
locution vaine dans le nouveau système de féodalité que ce ne l'était dans l'ancien. Quand
on est cet homme, on n'est plus un homme.
Quand on est « voulu », on ne veut plus. Quand
on est poussé et porté, on n'agit point, on su-
bit. On ne songe qu'à ne pas désobéir, à ne pas
déplaire, à ne pas inquiéter, à rester terré.
Pas d'affaires, pas d'histoires.

« Et la peur des responsabilités », ajoutait

1. Fustel de Coulanges, *La Monarchie franque*, p. 207.
Le « comté » de ce temps-là correspondait à peu près à un
préfet du nôtre, qui serait aussi président du tribunal.

Faguet. Il avait à la fois raison et tort de l'ajouter. Raison, parce que si, au sommet de l'Etat, règne cette peur, l'Etat en demeure inerte et désarmé. Toutes les occasions sont manquées, toutes les fautes par omission commises. Tort, parce que si, aux divers degrés, l'incompétence se donnait librement et hardiment carrière, où irait-on ?

C'est une chance heureuse, que la peur des responsabilités lui tienne lieu de pudeur et la corrige en une certaine mesure. Maintenant même que cette peur fait frein et que, dans l'exercice de leurs fonctions, tous les fonctionnaires sont contenus par la préoccupation hallucinante de « se couvrir », les fausses notes, les faux pas, les bévues, les « gaffes » sont innombrables. Que serait-ce, s'il n'y avait pas la peur ? Elle est donc, à certains égards, bienfaisante ; elle l'est, en ce qu'elle limite la malfaisance. Mais l'incompétence n'est pas, pour cela, tout à fait supprimée ; elle subsiste virtuellement, et les ravages s'en multiplient par le carré de la vitesse à laquelle, de promotion en promotion, continue de s'abaisser, sauf accident heureux, la valeur du personnel. Elle gagne peu à peu tout le corps et noue toutes les articulations. En admettant qu'il ait encore une tête, l'Etat n'a plus ni bras ni jambes. Il est, à la lettre, impotent. Son fameux char est une petite voiture. Le pis est qu'il ne cesse de s'agiter sur ses coussins, qu'il a, chaque jour davantage, la prétention de se mêler de tout, de tout savoir et de tout faire.

*
* *

Si la camaraderie parlementaire est un des canaux par lesquels s'insinue le n'importe-quisme, celle du « cabinet » des ministres en est un autre. La première opère dans les hautes régions, gouvernements généraux, ambassades, habits dorés ; la seconde, dans des régions inférieures (mais il y a la jeunesse et l'avenir), broderies d'argent, Conseil d'Etat, préfectures, charges de robe ou de finance. Ce n'est pas, encore une fois, qu'un séjour dans les Chambres ou le passage dans un cabinet de ministre disqualifient un candidat, mais non plus ils ne le qualifient pas. Du moins, pas par eux-mêmes, pas à eux seuls. Il reste bien des choses à considérer. Ne parlons point, pour ne pas avoir l'air de faire des phrases, de la justice, mais seulement d'une aptitude moyenne, d'une préparation élémentaire à la fonction. Il ne faudrait en aucun cas que la camaraderie pût en valoir dispense. Or, on ne serait pas embarrassé de citer des exemples, encore tout frais ou non encore oubliés, où, en dehors d'elle, de la camaraderie, il n'y aurait pas eu une raison à donner ; on en citerait même où, tout au rebours, il y aurait eu plus d'un motif d'opposer un refus sec et définitif. La plupart des choix faits de la sorte ne s'imposaient pas ; beaucoup étaient discutables ; quelques-uns, comme disent les médecins, « nettement contre-indiqués ». Dieu me garde d'insérer ici des portraits, même d'Egésippes, de Cimons et de Clitandres, à la mode de La Bruyère ! Egésippe, pourtant, vous vous le rappelez, c'est notre original, et il viendrait comme de cire.

« Que faire d'*Egésippe* qui demande un emploi ? Le mettra-t-on dans les finances ou dans les troupes ? Cela est indifférent, et il faut que ce soit l'intérêt seul qui en décide, car il est aussi capable de manier de l'argent ou de dresser des comptes, que de porter les

armes. « Il est propre à tout », disent ses amis,
ce qui signifie toujours qu'il n'a pas plus de
talent pour une chose que pour une autre,
ou, en d'autres termes, qu'il n'est propre à
rien. »

Nos Egésippes, à nous, sont légion. Chacun
de nos trois cents sénateurs et de nos six cents
députés a les siens. Où les mettrons-nous ?
Dans les protectorats ou dans les ambassades ?
Cléanthe passait pour bon connaisseur de l'Ausonie ; on l'en a retiré pour y envoyer *Néarque*. *Néarque* la connaissait-il mieux ? « Il est
propre à tout », disent ses amis, ce qui signifie
qu'il ne la connaît pas moins que toute autre
chose, et que, s'il échoue à Cosmopolis, il
n'est pas sûr qu'autre part il eût réussi.
Chrysargyre a contre lui d'être un brouillon,
et autre chose encore ; mais il a pour lui sa
richesse, ses réceptions seront magnifiques, et
il a prouvé par avance qu'il ne ménagerait
pas les sacrifices. *Abner* est un soldat qui sait
farder la vérité, ou du moins la taire ; proconsul de Bithynie, il a mis en six mois sa province à feu et à sang ; seulement, c'est un
frère, aux yeux de qui la patrie se confond avec
le parti. Mais quittons ces amusements.

« Ainsi, conclut La Bruyère, la plupart des hommes, occupés d'eux seuls dans leur jeunesse, corrompus par la paresse ou par le plaisir, croient faussement dans un âge plus avancé qu'il leur suffit d'être inutiles ou dans l'indigence, afin que la république soit engagée à les placer ou à les secourir, et ils profitent rarement de cette leçon si importante, que les hommes devraient employer les premières années de leur vie à devenir tels par leurs études et par leur travail que la république elle=même eût besoin de leur industrie et de leurs lumières, qu'ils fussent comme une pièce nécessaire à tout son édifice, et qu'elle se trouvât portée par ses propres avantages à faire leur fortune ou à l'embellir. » [1]

Ce philosophe moralise à merveille. Mais si nos modernes *Egésippes* avaient l'idée de le consulter, ils ne l'écouteraient pas. N'énonce-t-il pas cette sentence : « Nous devons travailler à nous rendre très dignes de quelque emploi ; le reste ne nous regarde pas, c'est l'affaire des autres » ? Comme si les autres faisaient jamais notre affaire ! Nenni, notre

1. LA BRUYÈRE, *Du Mérite personnel*, § 10. Édition Servois, t. Ier, 2e partie, p. 153.

affaire nous regarde ; les autres ne nous sont
que des instruments. Poussons-les pour qu'ils
nous poussent. Qu'après avoir été toute notre
étude, ce soit tout notre travail. Aussi bien
le problème n'est-il pas d'être quelqu'un pour
être quelque chose, mais d'être n'importe
quoi, étant n'importe qui. Si maintenant il
fallait commencer par tant travailler, où serait
le bénéfice d'avoir fait la pure République
pour les purs républicains ? Les grands ancêtres l'ont affirmé : elle n'a pas besoin de savants. Pic de la Mirandole lui-même, que
savait-il ? Pas beaucoup plus qu'épeler l'alpha-
bet de toutes les langues qu'il se vantait de
posséder. Et l'on dit (leur succès est encoura-
geant) que nous avons eu des ministres qui,
dans leur genre, ne savaient pas lire.

A des postes moins éminents, en une lumière moins vive, le mal n'est pas moins redoutable, car, moins profond peut-être, il est
plus étendu. Nous avons vu, sous un de nos
derniers gouvernements, foisonner des nominations de préfets et de sous-préfets « pour
ordre », qui n'avaient d'autre but que de caser
des attachés de cabinet et qui, au vrai, ne
créaient, par la faveur, que du désordre. Nous

voyons périodiquement nommer au Conseil
d'Etat d'autres chefs, chefs-adjoints, sous-
chefs (quoi encore ?), qui peut-être avaient
échoué naguère au concours d'admission, et
qui entrent d'emblée comme maîtres des
Requêtes, tandis que les lauréats de ce concours viennent à peine de passer auditeurs de
première classe. Je ne dis pas que le concours
soit tout, que les indications en soient infail-
libles et valables à perpétuité. Je ne nie pas
que l'expérience acquise, la pratique des
affaires, ait un peu racheté une primitive ou
scolaire insuffisance. Néanmoins, tout cela, en
soi, est immoral, et, dans ses effets, est démo-
ralisant.

*
* *

— Certes, cela n'est pas nouveau, n'est pas un
fâcheux monopole de la Démocratie. Mais,
outre qu'elle y prête plus par sa nature même,
le vice, chez elle, est sans correctif, la perte
sans compensation. Autrefois, sous un gouvernement monarchique et dans une société aristocratique, les inconvénients étaient atténués.

Il y avait une sorte de préparation indirecte, d'éducation par fréquentation et comme par imprégnation de milieu. Je l'ai fait observer, à propos d'une République morte, voilà quatre siècles, d'un mal pareil à notre mal, et où, les citoyens les plus honnêtes et les plus capables se dérobant à des honneurs qui n'étaient que des charges bourrées de tracas, hérissées d'ennuis, l'Etat tombait aux mains des incapables et des indignes. La Démocratie est une grande mangeuse d'hommes. Elle l'a toujours été. Elle l'a été partout. Il lui faudrait en être une grande productrice. Mais on dirait qu'elle y répugne ou qu'elle en a peur. Au contraire, elle en consomme énormément, en produit peu, se lasse vite des hommes mêmes qu'elle a produits. Comme il lui en faut d'autres pour remplacer ceux-là, elle se rejette, selon sa coutume, sur n'importe qui. Tout le monde aspirant à tout, tout le monde arrivant à tout, tout le monde étant bon à tout, personne n'est meilleur qu'un autre. C'est la faveur qui décide ; notre temps, dont la mécanique a enrichi le répertoire de métaphores, proclame qu'on avance à coups de « piston ».

Assommés par ces coups de piston tout-puis-

sants, l'indifférence gagne les chefs des services, à qui il appartiendrait de choisir ou de
proposer les choix. Eux-mêmes promus de
cette manière, ils n'étaient d'ailleurs que trop
enclins à appliquer à cette tâche si importante
la loi du moindre effort. Par la force de la
routine, ils s'engourdissent en une espèce
d'insensibilité professionnelle. Eux aussi pensent d'abord à « se couvrir » par la recomman-
dation, parce que leur plus grand besoin et
leur plus cher désir est d'avoir la paix. Ils
font alors comme les enfants qui jouent à ce
jeu qu'ils appellent « la fossette ». Etant donné
une rangée de trous creusés au pied d'un mur,
il s'agit de loger une bille dans chacun. Ainsi
des postes et des emplois. Il s'agit de loger
dans tous un fonctionnaire. N'importe lequel
dans n'importe lequel. Lorsque les trous et les
cadres sont remplis, on ne regarde pas si la
bille est d'ivoire, d'agate, de verre ou d'argile.
Il n'y a pas de vide dans l'administration.
S'il y en a dans les cervelles, et si par là le niveau se déprime, on ne s'en aperçoit qu'après.
Mais, beaucoup plus vite qu'on ne le croit,
les caractères se dégradent, les intelligences
s'atrophient, l'Etat s'affaisse, le pays souffre.

On a dit, il y a longtemps, « que le Gouvernement français était *bureaucratique* ». On le disait déjà des gouvernements d'avant la Révolution. Et l'on remarquait que, « dans le perpétuel changement de ministres qui a signalé les règnes de Louis XV et Louis XVI, il était heureux pour l'Etat qu'il y eût des hommes permanents dans leurs postes, à portée de guider ces ministres éphémères, et de les prémunir contre la séduction des novateurs, l'enthousiasme et l'artifice des gens à projets »[1]. Soit, tout n'était peut-être pas mauvais dans la *bureaucratie*, qui, par elle-même, n'était peut-être pas absolument un mal. Si la France cessait d'être gouvernée, du moins serait-elle encore administrée. Mais à la condition que cette « bureaucratie » fût vraiment une « bureaucratie » et ne se remît pas entre les mains des députés, esclaves eux aussi de leurs comités et serfs de leurs électeurs.

Je n'aime pas beaucoup les personnifications caricaturales dans ce goût : « Monsieur Leparlement » et « Monsieur Lebureau ». Mais il est intéressant de voir ce que ces types sublimés pensent chacun de soi-même et l'un de

1. SÉNAC DE MEILHAN, *ouvr. cité*, p. 142-143.

l'autre. Voici quelques lignes extraites d'une brochure qui, je crois, a Monsieur Lebureau pour auteur ou inspirateur. « Vivant avec le rêve de devenir M. Leparlement, M. Lebureau, pour prendre patience, imite en tout M. Leparlement. Son opinion est que le monde comporte deux sortes d'individus : les malins qui profitent de toutes les occasions pour se glisser aux bons endroits, pour obtenir de l'argent et de l'avancement, et les ingénus qui prennent leurs fonctions au sérieux et qui traitent les affaires à eux confiées avec la même conscience que si c'était leurs propres affaires. Et il faut reconnaître que trop souvent les derniers font toute leur carrière dans les emplois médiocres, alors que les premiers s'élèvent à des postes où ils recueillent à la fois les honneurs et les profits. »

Un peu plus loin : « L'Etat, qui soumet à des épreuves souvent difficiles les candidats aux emplois subalternes, néglige de s'entourer de garanties sérieuses pour la désignation des hauts fonctionnaires. Les gens au pouvoir donnent l'impression qu'ils se méfient des hommes de valeur et qu'au contraire ils ont pleine confiance dans le don d'intriguer, l'ambition d'arriver rapidement, l'habileté à se servir de ses relations, et qu'ils y voient les qualités les plus désirables pour les candidats aux emplois importants... Le fonctionnaire qui convoite une place établit ses plans de manière à faire mettre brusquement à la retraite la personnalité qu'il veut remplacer, et, par ce coup de surprise, il élimine tous les concurrents. Souvent il n'a pas d'autre titre à faire valoir que son désir de recevoir un traitement élevé et de s'étaler dans un poste en vue. Il est difficile de comprendre l'indifférence du Gouvernement et des Chambres à l'égard d'une question aussi capitale que celle du recrutement des grands chefs administratifs. Nous voyons là un manque de méthode, de discipline et de conscience, grâce auquel l'impudence des arrivistes peut se donner libre cours... De tous côtés sont embusqués des fonctionnaires qui ne doivent leur place qu'à l'incurie des pouvoirs publics, à l'étonnante indulgence que les milieux politiques professent à l'égard de l'intrigue et de... » Je supprime un dernier mot, d'une violence excessive.

Qu'y aurait-il à faire ? M. Lebureau le dit en toutes lettres, en grosses lettres : « Si l'on

veut que les services de l'Etat aient à leur tête
des hommes compétents et aptes à commander, il faut renoncer à l'esprit de combinaison
qui s'applique à porter aux hauts emplois des
individus qu'on veut pousser, sans se préoccu-
per de leur savoir ou de leur moralité. » Pourquoi ne le fait-on pas ? M. Lebureau accuse
avec hardiesse M. Leparlement : « D'une manière générale, tous les parlementaires qui ont
été ministres, ou qui désirent le devenir, tous
ceux également qui ont exploré les couloirs
des administrations et qui savent à quelle
porte frapper pour obtenir des faveurs de l'Etat
veulent le maintien absolu d'un système qui
permet aux ministres de prendre à leur guise
des décisions et aux parlementaires d'intervenir auprès d'eux au bénéfice de leurs amis et
de leur clientèle. Quand ils consentent à fixer
un règlement, soyez sûrs qu'il y ont été ame-
nés par une pression irrésistible et qu'ils se
sont employés de leur mieux à n'introduire de
la régularité sur un point qu'à condition de
laisser, sur d'autres points, pleine latitude à
l'arbitraire. » [1]

1. Justin, *Monsieur Lebureau et Monsieur Leparlement*,
Éditions Bossard, 1919, p. 18, 28-29, 57, 64-65, 75, etc.

Reste à savoir ce que M. Leparlement répondrait à M. Lebureau. Mais, quoi qu'il lui répondît, en se disant l'un à l'autre leurs vérités, ils ne diraient tous les deux que des vérités.

*
* *

Le microbe du n'importequisme pullule dans la Démocratie, avec une rapidité et surtout une continuité effrayantes. Il y a pour bouillon de culture cette crainte congénitale des supériorités, cette instinctive et invincible méfiance de la personnalité, qui fait que, jusqu'à la victoire, elle veut tout anonyme. Et ce sont justement ces sentiments ou ces dispositions de jalousie un peu basse qui empêchent d'en trouver le vaccin. La méfiance de la personnalité et l'avilissement de la fonction sont corollaires l'un de l'autre, tour à tour cause et effet.

Il est évident que le remède à la domination du Nombre ne saurait être que dans l'accroissement de la qualité de l'individu. John Stuart Mill, que je ne me lasse pas de proposer pour modèle aux radicaux (ils n'en ont eu

un qu'en Angleterre !), le déclarait énergîque-
ment : rien n'est plus nécessaire à la Démocratie que de se constituer une élite. Il ne disait pas, comme on pourrait le dire, une aristocratie, mais il allait jusqu'à affirmer que le
progrès dépendrait, pour le peuple entier, de
la distance que cette élite saurait mettre et
maintenir entre elle et la foule. Sans elle, point
de salut, plus de civilisation : la barbarie.

En sens opposé, il est vrai, nous avions
entendu, aux temps révolutionnaires : « France, guéris-toi des individus ! » Mais c'était un
Prussien qui était venu de chez lui, « par
amour du genre humain », donner ce conseil
aux Français.

Ne le suivons pas. A la Démocratie, gouvernement lourd, qui tend à la chute par sa propre masse; il faut un contrepoids qui la re-
monte. A la Démocratie, gouvernement faible,
il faut une plante humaine drue et forte. Elle
ne s'est jamais sauvée, elle n'a jamais vécu
qu'en la produisant. C'est ce que Montesquieu
a voulu dire en disant que le ressort en était
« la vertu », par quoi il faut comprendre à
l'italienne, à la romaine, *virtutem*, la *virtù*,
la « valeur ». Le malheur est qu'elle semble

y redouter un péril et qu'en fait elle s'arrange
pour que Démocratie égale médiocratie. Elle
immole à cette phobie gloire et histoire, souvenirs et espérances, mais, du même coup, elle
s'immole elle-même, car il ne suffit pas de
vivre petitement pour être assuré de vivre.
N'importe qui, ce n'est personne, et n'importe
quoi, ce n'est rien. Mais une nation ne se gouverne pas par personne, et sa vie ne s'alimente
pas de rien.

IV

LA COMITARDITE

Avant d'aller plus loin, j'ai tenu à m'assurer qu'en baptisant de noms en *ite* et en *isme* les trois maladies que j'ai déjà décrites, la *parlementarite*, l'*électorite*, le *n'importequisme*, je ne m'étais point éloigné des règles et que ces mots n'avaient pas été formés au hasard. J'ai donc consulté là-dessus un médecin de mes amis ; son autorité m'est une garantie que, si les maladies diagnostiquées ne sont pas guéries, il s'en faut, du moins ont-elles été baptisées *secundum artem*, ce qui, pour les disciples d'Hippocrate, a toujours été la première des choses. Ecoutez le docteur :

— La terminaison *ite* indique une affection aiguë frappant un organe. Exemple : la méningite.

« La terminaison *isme* est beaucoup moins

précise ; elle a généralement un caractère indéterminé et écarte le caractère aigu pour s'appliquer à des manifestations chroniques. Exemple : l'arthr*isme*, diathèse arthritique.

« La terminaison *ose* est encore plus générale ; elle s'emploie pour désigner les maladies, dans une classification, en rappelant leur origine. Exemples : la psych*ose*, affection de l'esprit, la névr*ose*, affection du système nerveux. »

Les affections aiguës dont sont atteints, chacun pour son compte et par contre-coup de l'un sur l'autre, le Parlement et le corps électoral, sont, on le voit, correctement appelées la parlementar*ite* et l'élector*ite*. De même, cet état morbide, à manifestations chroniques, de l'opinion française, qui fait que souvent elle a l'air de se désintéresser de tout, peut être à juste titre qualifié de n'importequ*isme*. Pour les mots en *ose*, nous n'avons pas encore d'exemples tirés de la politique. Ce n'est pas que la démocratie ne souffre d'une psychose, d'une névrose, et de plusieurs autres affections en *ose*. Il y en a une surtout, dont on n'a que trop d'occasions de se plaindre, mais elle est d'origine moins politique que sociale, et le

nom qu'il faudrait lui donner est si vilain, le
radical en serait si fâcheusement emprunté à
l'argot, qu'au risque d'être incomplet, je préfère ne pas l'écrire ici. En revanche, il est une
quatrième maladie de la démocratie, qui pourrait être presque indifféremment nommée,
selon les moments et les circonstances, la *comitéite*, ou le *comitéisme*, ou la *comitéose ;*
tantôt affection vague et dormante par temps
calme, tantôt manifestation chronique lors de
la constitution d'un nouveau ministère, tantôt
enfin affection aiguë pendant les périodes électorales. C'est elle que je voudrais aujourd'hui
soumettre à l'observation, en son triple degré
ou sous son triple aspect.

*
* *

Peut-être devrait-on dire de la *comitéose*, du
mal des comités à son premier degré, que c'est
une *démocratiose*. Il est, en effet, endémique
dans la démocratie, il lui est inhérent. Dès
qu'une démocratie atteint un certain volume,
dès qu'elle s'est donné le suffrage universel,
elle ne peut, pour son fonctionnement, se pas-

ser des comités. Parce que, dans son principe, elle repose sur le nombre, elle est le gouvernement des majorités, la constatation de l'opinion la plus communément admise, la déclaration de la volonté générale ; et parce qu'en fait le nombre resterait dispersé et insaisissable, la majorité ne se formerait pas, l'opinion commune ne serait pas connue, la volonté générale serait impossible à dégager, s'il n'y avait rien ni personne pour tracer, à même le nombre, des colonnes où se fera l'addition des unités de même nature, pour cristalliser la majorité, pour distiller et condenser les opinions, pour isoler, définir, formuler la volonté générale. A l'origine, le comité apparaît donc moins comme une excroissance que comme un appendice, comme une trompe, comme une antenne, comme un organe extérieur de la démocratie. C'est par lui qu'elle flaire, qu'elle sent, qu'elle amène à portée de ses prises la matière dont elle s'alimente ; c'est par lui, d'abord et surtout, qu'elle se dirige ; si bien qu'en lui réside primitivement le germe de la démagogie.

Car la démagogie n'est pas ce qu'un vain peuple en pense ou plutôt ce que des dirigeants

plus vains encore s'appliquent à lui en faire
penser. Autrefois, il était de mode, chez les
meilleurs auteurs, de distinguer six formes de
gouvernement, trois pures et trois corrom-
pues : la monarchie, forme pure, avec sa corruption, le despotisme ; l'aristocratie, avec la
sienne, l'oligarchie ; la démocratie, aussi avec
la sienne, la démagogie. Mais la démagogie ne
s'oppose pas à la démocratie ; elle la complète ;
elle en est la seconde face, le revers. Dans la
réalité, il n'y a jamais eu de démocratie sans
démagogues ; il ne peut pas y en avoir, non
plus qu'il ne peut y avoir de troupeau sans
berger. Quand le berger est bon, c'est la face
qu'on voit, le côté démocratie ; quand il est
mauvais, ou dès qu'il se gâte, c'est le revers,
la démagogie ; mais c'est toujours la même
médaille ; tournez-la, retournez-la, il n'y en a
qu'une, une seule.

La démocratie, directe ou représentative,
mais particulièrement la représentative, ne
saurait se concevoir sans les partis ; et, par
une sorte de conséquence forcée, elle ne sau
rait se pratiquer sans les comités. Le comité
est le tuf, le roc, c'est le noyau dur du parti ;
autour de ce noyau viennent se réunir et

s'agréger les tourbillons d'atomes qu'il s'agit d'attirer; d'arrêter, de happer au passage ; tout ce *magma* inconsistant et mobile d'intérêts, d'impressions, d'émotions, d'entraînements, d'aversions, d'envie, de peur, de convoitise, de besoins, d'ambitions médiocres, petites ou minuscules, et de cupidités, places, influence, rubans, qui aident tant chez nous, et probablement partout ailleurs, à soutenir les fortes convictions politiques. Mais résumons. Pas de démocratie sans démagogie ; pas de parlementarisme sans partis ; pas de partis sans comités. D'où conséquence de la conséquence : démocratiose, comitéose. Et conséquence si naturelle, si inévitable, qu'à ce premier degré, c'est à peine un état morbide ; c'est presque un état normal ; c'est le mal avec lequel on vit, faute de pouvoir vivre sans mal, et dont on finit par croire qu'on en vit, comme un névrosé s'imagine qu'il vit de ses nerfs, tandis qu'il s'use, à ce jeu, lentement, sûrement, heure par heure.

De la comitéose il est facile, et il est courant, de tomber dans le *comitéisme*, ainsi que, si l'on s'en rapporte à M. Purgon, de la bradypepsie dans la dyspepsie. Le comitéisme est la manifestation chronique de la comitéose, deuxième degré du mal des comités. C'est une diathèse : la démocratie est *comitéique*. Jules Ferry, ayant fait, dans un discours prononcé à la Chambre des députés le 5 mars 1883, une distinction entre « une certaine élite politique », — en ce temps-là encore la tribune était courtoise ! — et « la grande masse qui travaille et ne fait de politique qu'aux jours d'élection », Edmond Scherer s'empressait de mettre au point : « Quant à cette élite dont parlait le président du Conseil, elle se compose des politiciens de profession. Ce sont des hommes qui appartiennent aux carrières libérales ou semi-libérales, qui ont quelque instruction, quelque facilité de parole, des habitudes de sociabilité (la périphrase est jolie pour dire qu'ils se rencontrent au café), le goût de la politique, et naturellement de la politique avancée. » Cette dernière observation est fine, profonde, toujours vraie : elle l'était déjà, il y a quarante-quatre ans, mais les « avancés » d'alors seraient les modérés et même les réactionnaires d'aujourd'hui. « Il est remarquable, en effet, continuait Scherer, que l'orateur du chef-lieu soit toujours partisan des opinions extrêmes.

La même ardeur qui le pousse à jouer un rôle en fait un personnage d'opposition. Contre qui le besoin de lutte, les instincts turbulents se tourneraient-ils, sinon contre l'autorité ? Sans parler de l'affinité entre la culture superficielle et le programme radical. (Trait aussi juste que le précédent.) L'idée abstraite n'est-elle pas l'élément naturel de la rhétorique populaire ? N'est-elle pas la forme fatale de la pensée qui, faute de connaissances solides, opère dans le vide ? »

Après avoir ainsi donné du phénomène l'explication la plus philosophique, Edmond Scherer regardait de plus près, et un à un, ses types. D'abord, d'où sortaient-ils ? Par où venaient-ils ? Comment arrivaient-ils ? « Il ne faut pas croire que le comité électoral soit formé de délégués régulièrement nommés, et encore moins qu'il exprime les sentiments de la population dont il se donne pour l'organe. Le comité électoral n'en devient pas moins, à l'époque des élections, le représentant attitré du suffrage universel, et, en cette qualité, il cite par devers lui les candidats à la députation, afin d'entendre leurs déclarations et de leur imposer un programme. Les deux pro cédés, au surplus, reviennent au même, car le candidat a trop d'intérêt à se concilier ses juges pour risquer de choquer leurs idées. Il sera bien plutôt tenté de renchérir sur les vues et sur les vœux de l'aréopage devant lequel il comparaît. Quel est celui d'entre nous qui, dans la dernière campagne électorale, n'ait pas été humilié pour la nature humaine en voyant à quel degré de complaisance peuvent descendre des citoyens, et je parle des plus graves, des plus sages, lorsqu'il y va du succès d'une candidature ? Que ceux qui tiennent à conserver leurs illusions sur la noblesse des caractères se gardent d'entrer dans une réunion publique le jour où l'on y procède aux interrogatoires ! »

Mais le malheureux candidat, même sage, même grave, à son corps défendant et puis ne se défendant plus, est monté sur le tréteau banal ; il a livré sa tête, et peut-être son âme, à ces huées ; il s'est plié à passer sous cette porte basse : il a passé, il est élu. « Il part pour la capitale, chargé d'engagements dont beaucoup seront difficiles à tenir... Mais ce n'est là qu'une partie des soucis qui vont l'assiéger. Il n'a pas plus tôt mis les pieds au Palais-

Bourbon qu'il doit travailler à se fortifier dans une position si laborieusement conquise. La préoccupation qui va dominer toute sa vie publique, colorer toutes ses opinions, déterminer tous ses votes. c'est le soin de sa réélection à quatre années de là... Je laisse de côté les intérêts locaux, l'embranchement de chemin de fer à obtenir. la fontaine de la place publique, les réparations pour l'église, le tableau pour le maître-autel (écrit, qu'on se le rappelle, en 1883). Je ne parle même pas des promesses personnelles à tenir, des sollicitations à faire en faveur de ses amis politiques et des amis de ses amis :

Monsieur, je suis bâtard de votre apothicaire.

« Tout cela est de devoir strict ; on est le député de son arrondissement, ou on ne l'est pas. et à quoi servirait un député, s'il ne s'occupait des affaires de son endroit ? » Tout cela vise, tend, ce n'est pas assez dire, tout cela est tendu à apporter, à rapporter aux électeurs, et principalement, par privilège, aux gros électeurs, au comité, les satisfactions les plus matérielles, et ainsi le comité est. dès son entrée en jeu, une machine à exploiter l'Etat.

Places, toutes les places et tout de suite, décorations de toute forme et rubans de toutes couleurs, collations de bénéfices et exemptions de charges, là-dessus s'appuient fermement des principes qui finissent bien par céder. Le député vote à la Chambre, il fait ses démarches dans les ministères, sous la direction, sous la pression, sous le chantage perpétuel du comité, prêt à le lâcher, s'il bronche, et à lui jeter entre les jambes le concurrent tenu en réserve. Partout où il va, l'œil le suit, l'œil symbolique enfermé dans le triangle. Ainsi se noue et sans cesse se resserre, de bas en haut, une mutuelle servitude.

« Voilà, conclut Scherer, voilà, il n'est personne qui l'ignore, la situation à laquelle la France est arrivée aujourd'hui : le comité local nommant et gouvernant le député, le député faisant dépendre le concours qu'il prête au gouvernement de la satisfaction qu'il en reçoit pour ses fins personnelles, les intérêts, enfin, entendus au sens le plus étroit, et devenus les arbitres de la politique du pays. Mal profond et grande honte ! » Pour preuves ou pour exemples, l'épuration de la magistrature, l'exagération du plan Freycinet, les assauts livrés au Trésor par l'avidité et la mauvaise foi sous toutes leurs formes, demandes de subventions, de pensions, d'indemnités, dispense ou modération de contributions, remises d'amendes, etc... Léon Say, ministre des Finances, ne tarissait pas sur ce triste chapitre : « En réalité, écrivait-il, il n'y a plus de répression, et la fraude devient de droit commun. »

Depuis, nous en avons vu bien d'autres ! Précisément, à mesure que le glissement s'est opéré et que nous sommes allés de Chambres plus « avancées » en gouvernements plus « avancés » et de comités plus gourmands en comités plus effrontés. Edmond Scherer avait raison de le noter : « Il ne faut pas croire que le comité électoral soit formé de délégués régulièrement nommés » ; cette irrégularité même marque le comité et le classe dès sa naissance. Douze ou treize ans après l'auteur de la retentissante brochure *La Démocratie et la France*, sans l'avoir relue et sans me rappeler ce passage, j'écrivais à mon tour : « Un beau matin, quelqu'un s'avise que le renouvellement de la Chambre des députés se fera dans six mois... Ce quelqu'un, qui n'est pas même quelqu'un, qui est quelconque, qui est le pre-

nier venu doué de beaucoup de vanité et d'un
peu d'entregent, va trouver un second quelqu'un non moins quelconque, qui s'en va
trouver un troisième. Dès qu'ils sont trois,
X..., Y..., Z..., un « comité » est constitué :
président, vice-président et secrétaire-trésorier.
Le comité provoque une réunion « générale »
où chacun de ses membres a soin de n'amener
que les moins douteux de ses amis. Il leur
expose ce qu'il a fait, les consulte sur ce qu'il
doit faire. Ce qu'il a fait est ratifié par accla-
mation ; quant à ce qu'il doit faire, carte blanche. Avant cette réunion générale, il était modeste et ne s'intitulait que comité provisoire ;
après, il est établi, assis, patenté ; il a pignon
ou étalage sur rue, il se tient en permanence,
comme le Comité de Salut Public. Il est reconnu par la préfecture : un candidat ne passera
peut-être pas sûrement grâce à lui ; il passera
difficilement sans lui. »

L'objet essentiel de l'élection, et même, je
l'ai répété à satiété, son objet unique, est le
choix du député, qui implique, au préalable,
le choix du candidat. « Un candidat ? Mais le
comité se réserve de désigner le candidat. X...,
Y..., Z... confèrent tous les soirs ; c'est, de

chez l'un chez l'autre, un va-et-vient mysté-
rieux : ils cherchent un homme. La ville et
la banlieue attendent. Enfin, ils prononcent.
Nouvelle réunion générale. Le nom du candidat choisi est mis aux voix, à mains levées :
des mains se lèvent. L'homme de X..., Y...,
Z... reçoit la consécration solennelle de deux
cents petits Z, Y, X. Il est désormais candidat, *leur* candidat, *le* candidat. Qui l'a investi ? La réunion générale du... Qui l'a proposé
à cette réunion ? Le comité. Qui en avait chargé le comité ? Une première réunion. Qui avait
convoqué cette première réunion ? Le comité.
Qui avait investi le comité ? Personne. »

Se rend-on compte que la manière dont se
produit le comité, et par suite le candidat, et
par suite le député, n'est pas très différente
de celle dont se produisait, aux XIVᵉ et XVᵉ siècles, dans les municipes italiens, le *tiranno* ?
Mon Dieu, oui ! le « tyran ». Lui aussi, il était
inconnu, la veille, obscur, anonyme autant
qu'on peut l'être ; il surgissait du pavé, il
s'improvisait ; il s'imposait ; et nul n'osait lui
demander ses titres, nul ne pouvait le faire
sans scandale et sans danger. Cela durait plus
ou moins longtemps ; cela allait jusqu'à ce

que la corde cassât ; elle ne cassait que s'il
tirait trop fort dessus, ou si un autre anonyme,
un autre inconnu, la coupant d'un coup de
poignard, devenait, par tyrannicide, le tyran
nouveau. En attendant, il régnait. Il usait et
il abusait, en homme qui, lui, suivant la célèbre définition de Jacob Burckhardt, peut tout,
ose tout, et ne trouve de limites qu'en lui-
même. A l'effusion du sang près (et encore pas
toujours, la Révolution l'a prouvé), — mais on
avoue volontiers que c'est quelque chose ! —
le comité aussi règne, use et abuse, ne sait pas
s'arrêter.

Ce n'est pas tout, pour le candidat, d'avoir
été choisi et d'avoir été élu : il faut que le
député paie le choix et l'élection. Pendant la
période électorale, le comité ne s'est pas contenté de lui dicter son programme, il lui a fait
contracter des promesses, il lui a arraché des
engagements, à des heures où les plus rétifs
ont la concession moins difficile. Comment
l'aspirant législateur s'y serait-il refusé ? « Ce
qui s'était offert à lui, et ce qu'il aurait perdu
en se dérobant, c'est le seul groupement qui
subsiste : groupement artificiel d'amours-pro-
pres et d'appétits, mais un groupement ;

la seule organisation tolérée dans le suffrage universel inorganique : organisation illégale ou extra-légale, mais une organisation ; la seule force demeurée debout : force usurpée, trompeuse, oppressive, mais une force. En face d'elle et contre elle, rien : le verbe lui-même, ce levier des démocraties, sans elle, n'a plus de mordant ni d'effet ; rien que l'argent qui puisse se passer d'elle, et encore serait-il plus prudent de transiger. »

Enfin, le candidat du comité, médecin, avocat ou vétérinaire, a, par des moyens variables, obtenu la majorité. Le voici à la Chambre ; qu'y fera-t-il, et, premièrement, que représente-t-il ? Qui et quoi ? Son département ? Son arrondissement ? Fiction pure. En réalité, « agent général à Paris des politiciens de son endroit, mandataire ou commissionnaire de X..., Y..., Z..., coupé de toute communication personnelle et intime avec les électeurs qui l'ont nommé ou qui ont fait le simulacre de le nommer, le député ne représente, au fait et au prendre, que lui-même et son comité, son comité plus que lui-même. Et en quoi le représente-t-il ? Il chasse pour lui aux croix du Mérite agricole, aux palmes académiques,

aux médailles, aux vases de Sèvres, et quand
il fait peur, ou quand il a peur, à des subventions, à des allocations plus nutritives. »
De là, en très grande partie, de l'omnipotence
sans contrepoids, ou de la prépondérance du
comité, l'effrayante médiocrité de la représentation nationale : son infériorité d'esprit et de
caractère; un niveau moyen fort au-dessous du
niveau moyen de la nation ; car les éléments les
meilleurs, les esprits les plus hauts, les caractères les plus indépendants ont été éliminés
par l'opération même qui l'a produite. Comme, pour être choisi et pour être élu, il fallait
ne porter ombrage à personne et subir les conditions de X..., Y..., Z..., tout ce qui dépassait
a été écarté ou abattu : il n'est resté que « On »
et que « Chose ».

Le comité ne restreint pas ses prétentions,
ne borne pas son ingérence aux trois semaines
de la période électorale. L'élection faite, le député ne peut pas dire : adieu le saint..., ou
le diable ! Le comité, dans la personne de son
président et des plus agités de ses membres,
se constitue en permanence, suit le député pas
à pas, s'acharne à en jouer comme d'un pantin dont il tirerait les ficelles. On a souvent

conté que, du fond de sa province, il le charge
de ses commissions dans la capitale, réclame
de lui, impérieusement, toute espèce de menus
services ; aller chercher un parapluie oublié
chez des cousins à l'autre bout de la ville, ache-
ter un tambour pour l'aîné des garçons du secrétaire, trouver une nourrice pour son petit
dernier. Il y a de la fiction dans ces histoires,
mais peu. Ces servitudes familières étaient[1]
certainement une des beautés du scrutin d'arrondissement. En dehors d'elles, et même sans
sortir de la politique, le comité revendique non
seulement le contrôle, mais l'entière disposi-
tion de *son élu* ; il s'arroge le droit d'injonc-
tion et de réprimande.

Il surveille jalousement tous les actes, toutes
les relations, tous les discours, tous les votes
de *son* député. J'en ai connu un, un député.
qui n'était pas d'humeur à se laisser brimer.
peut-être parce qu'il ne tenait pas à fournir une
trop longue et trop exclusive carrière parlementaire. Un mois à peine après son élection,
il fut un soir mandé d'urgence chez le président, qui était son voisin. Il accourut, ne

1. Écrit en 1927. On peut de nouveau dire : sont.

sachant ce dont il s'agissait. On l'introduisit,
avec une mine sévère, dans le sanhédrin où
les princes des prêtres étaient assemblés. Sans
préambule, sans circonlocutions, on le soumit
brutalement à la question, et, les juges se
relayant, on lui donna trois ou quatre traits
de corde. A telle date, dans tel scrutin, il
s'était abstenu : pourquoi ? Quand la censure
avait été réclamée contre un de ses collègues,
coupable d'une vivacité de langage attenta-
toire à un grand homme du Bloc (du premier,
du *bon* !), il ne s'était pas levé : pourquoi ?
Ce n'était pas ainsi que le Comité... Ce n'était
pas pour cela que le Comité... « Messieurs, dit
froidement le comparant, combien êtes-vous
ici ? Un, deux, trois, quatre, cinq. Or, j'ai eu,
vous vous en souvenez, dix-huit cents voix de
majorité. Les vôtres retirées, — et je les re-
gretterais, — il m'en resterait encore dix-sept
cent quatre-vingt-quinze. Je ne me croirais
donc nullement obligé de me démettre. Bon-
soir, messieurs. » Sans doute étonna-t-il le
Comité par son ingratitude, mais il se libéra
du coup, et jamais plus il ne fut convoqué.

A côté de lui, j'en ai connu un autre, un
autre député, qui n'avait pas regimbé à temps,

et que la crainte de perdre des amis, un peu
de paresse aussi ou de nonchalance, avec quelque penchant au commérage, avait enfoncé
dans une camaraderie poussée au point d'être
un partage, et un partage inégal pour lui, de
son « mandat ». Les choses en étaient venues là
qu'il ne lui était pas permis de distribuer à son
gré les billets pour la revue du 14 Juilllet. Le
Comité, en fait trois ou quatre bonshommes,
dévoués d'ailleurs, mais despotiques, s'en ré-
servait la répartition. En pleines vacances, on
rappelait de la campagne le pauvre élu, *ad
audiendum verbum*. Et c'était le train ordinaire, c'était le pain quotidien. Mais que de
sel, âcre et corrosif, y ajoutait l'approche d'une
nouvelle période électorale ! Et comme, entre
deux élections législatives, s'intercalent les
élections municipales, de deux ans en deux
ans, l'accès éclate. La diathèse culmine, pointe
et perce en une affection aiguë. A ce moment,
il n'y a plus vague *comitéose*, ni *comitéisme*
bénin, mais bel et bien *comitéite*. Pour la *comitardite*, c'est encore autre chose.

*
* *

Dans tout ce qui précède, nous n'avons considéré que le comité électoral, mais il n'est ni le seul, ni le plus impudent, ni le plus nocif. Tous ces comités électoraux se rattachent, au moins nominalement, à un grand groupement d'opinions ou de préjugés et d'intérêts, dont le siège central est à Paris, et qui, dans ses rapports avec les pouvoirs publics, se décore du nom de parti, peint en lettres de couleurs vives sur son enseigne et sur ses bannières. Ce siège central est l'antre, la caverne, l'officine où la comitéite, se dépassant elle-même, s'exaspère en *comitardite*. Le « comitard » fleurit et fructifie dans les comités directeurs ou exécutifs, conseils nationaux, commissions administratives des partis. Ce n'est pas un éphémère dont la brève existence finit avec l'agitation de la période électorale ; ce n'est pas un de ces « champignons » qui poussent sur le fumier d'affiches et de colle de pâte abondamment épandu durant une saison, pour tomber en poussière le lendemain, justifiant ce nom qu'on leur donne par leur disparition rapide

autant que par leur apparence de génération
spontanée et plus que par leur vénéneuse malfaisance. Non, le comitard persiste, il demeure,
il s'incruste, il s'enferme dans le bureau du
parti comme dans une carapace, à la manière
dont certains microbes se cuirassent de leurs
sécrétions. A partir du jour où la vocation s'est
éveillée en lui, dès qu'il a mordu à la *politique* (je souligne le mot pour marquer le sens
faux et rabaissé où il est pris ici), et quand il
a vu ce qu'il pouvait en tirer, le comitard n'est
plus que comitard. Il n'a plus d'autre métier,
d'autre souci, presque plus d'autre vice. On
ne rencontre pas toujours des députés dans la
salle des Pas-perdus au Palais-Bourbon, mais
lui, on l'y rencontre toujours. Il s'y tient à
l'affût, l'œil errant, l'oreille dressée. Il sait
toutes les nouvelles et au besoin les fait. Il
colporte, du dehors au dedans, les indiscré-
tions, et prolonge, du dedans au dehors, les
intrigues. Il possède à toute heure le dernier
« tuyau » sur la situation du ministère ; favorable ou hostile, il le communique généreuse-
ment. En faction derrière la porte verte, qu'il
est interdit aux profanes de franchir (et, quoique initié aux mystères du culte secret, c'est

officiellement un profane), à chaque affilié qui se montre, il transmet le mot d'ordre.

Le plus fort est que ce mot d'ordre est, pour beaucoup, véritablement un ordre. Dans un pareil système, les institutions ne sont qu'un décor. La Chambre n'est plus qu'un guignol. Le gouvernement lui-même n'est plus où il devrait être, où il paraît être. Le gouvernement, ce qu'on présente au pays et au monde sous cette étiquette fallacieuse, n'est plus le gouvernement. Il y a un gouvernement du gouvernement, un gouvernement occulte, maître impérieux et irresponsable d'un gouvernement de suite. Quelques personnages en habit, avec écharpe tricolore, gesticulent sur le devant de la scène, entre le souffleur tapi dans son trou et les chanteurs cachés dans la coulisse. Le drame leur est extérieur. Les passions qu'ils feignent ne leur appartiennent pas plus que les volontés qu'ils expriment. Ni l'exposition, ni les péripéties, ni le dénouement ne dépendent d'eux. Simulacres de protagonistes, héros de paravent, autant les avoir peints sur la toile de fond. Les adversaires, qui pourraient lutter utilement, s'épuisent en vain contre cette baudruche. Qu'ils envoient le fantoche à terre d'un coup de poing ou d'un coup de pied, on en accroche un autre, et le jeu continue, car ceux qui le mènent sont hors d'atteinte. A ce jeu de faux massacre, le ministère postiche peut être renversé, jamais le vrai gouvernement.

Naguère, le ministère de M. Combes fut le premier de ces pseudo-gouvernements, il doit en rester comme le type : le combisme aussi est une diathèse démocratique. Tant qu'il dura, — trois ans entiers d' « abjecte domination », — les loges, les comités, les congrès, n'eurent qu'à siffler : les autorités sans autorité vinrent à la botte. Cela est si certain qu'on a pu établir la concordance entre les résolutions des loges, les invitations des comités ou les déclarations des congrès et les décisions ministérielles, se succédant chronologiquement à de courts intervalles : les loges, les comités ou les congrès, le ministère ; la conception, l'impulsion, l'exécution. La boutique de la rue de Valois devint une sorte d'institution nationale. Elle eut pour représentants, agents ou commis, dans la Chambre même, les membres de la fameuse Délégation des gauches, pour correspondants dans toutes les communes les non

moins fameux « délégués administratifs »,
qui furent proprement sa plus belle invention.
Ce qui là-dedans est admirable, et d'une vertu
d'édification sans seconde, c'est le tranquille
mépris dont de tels procédés témoignent pour
le régime parlementaire et pour le suffrage
universel, confessés pourtant, prêchés et prô-
nés comme des divinités : dans la Chambre,
la Délégation des gauches supprime en effet à
peu près la moitié de la représentation populaire et, dans un grand nombre de communes,
les délégués, en supplantant le maire librement élu, annulent le choix des électeurs. Mais
ces démocrates se complaisent et s'ébattent.
comme canards en mares stagnantes, dans la
contradiction et dans l'absurdité.

En temps de crise (et chacun sait combien,
sous la troisième République vieillissante, les
crises sont devenues fréquentes), on voit des
hommes barbus, fils de « Quarante-huitards »,
proscrits posthumes du Deux-Décembre, vic-
times imaginaires du Seize-Mai, piliers d'ai-
rain de la Démocratie, traverser, le chapeau
enfoncé sur les yeux pour cacher le pli de
leur « trop faible front qui porte un lourd
projet », le Salon de la Paix, la salle des Qua-

tre-Colonnes, et s'engager dans le couloir intérieur où sont les bureaux des conciliabules. Ils
vont délibérément, hardiment, sans rien demander, en gens qui connaissent le chemin, et
presque qui se sentent chez eux. Malheur à
l'huissier au zèle échauffé qui paraîtrait douter
de leur droit ! Comme il se ferait « ramas-
ser » ! Vainement, dans sa mémoire de servi-
teur chevronné, bourdonnent encore les anciennes consignes. Bien sûr, cette intrusion
n'eût pas été tolérée par les présidents d'autrefois, et je ne parle pas de M. Dupin, ou de
M. Grévy, mais je dis même par M. Floquet et
par M. Brisson. Pour eux, le Palais-Bourbon
était le palais de la représentation nationale, la
Chambre des députés ne se composait que de
députés ; ils n'auraient pas souffert qu'un
groupe parlementaire, fût-ce le leur, la trans-
formât en club. Si Jacobins qu'ils fussent ou
se piquassent d'être, ils ne l'étaient qu'en ville.
Ils conduisaient (le plus rarement possible, et
avec une moue mal dissimulée) leur jacobinisme au café du Globe, mais ne ramenaient
pas le café du Globe au Palais-Bourbon. Maintenant, tout est changé. Autres présidents,
autres mœurs. Les radicaux-socialistes d'au-

jourd'hui trouveraient ces ancêtres prudes et bégueules. La faiblesse de tel président, la complicité de tel autre, a subi, puis autorisé toutes les audaces. Soyons justes : les radicaux-socialistes n'ont fait en cela que suivre une fois de plus les socialistes unifiés.

Si la *comitardite* était un mal récent, une de ces maladies qui éclatent tout à coup et qui ne s'étaient jamais manifestées auparavant, on pourrait ne voir en elle qu'une corruption de la démocratie. Mais elle n'est qu'une des formes d'un mal connu dès longtemps, et peut-être de tout temps, si bien que, loin d'être une corruption de la démocratie, il semble inséparable de sa nature même. La comitardite n'est qu'une variante, ou un dérivé, une filiale de la *clubite*. Seulement, la clubite, sous l'aspect historique, avait été un phénomène des jours de révolution. Elle avait sévi dans le trouble et dans l'émeute. De préférence, les clubs formaient, chacun à part, comme les comités, des assemblées spontanées, dont chacune avait ses hommes, son programme, ses méthodes, et en quelque sorte son langage. Ils s'opposaient les uns aux autres, tout en s'opposant tous à l'assemblée régulière et légale.

Ils députaient volontiers à la barre de cette assemblée pour l'exhorter ou pour la contraindre, mais, en général, ils en demeuraient distincts et travaillaient dans leurs propres locaux. La vie de ces sociétés a été minutieusement décrite par Taine, par Aulard, par Augustin Cochin, et tant d'autres, pour la Révolution française ; par Louis Reybaud, Molinari, et d'autres encore, pour 1848. En ces jours-là, le peuple envahissait la Chambre ; les clubs ne s'y installaient pas. Le mal était plus violent, il était moins perfide et n'avait pas de ces cheminements secrets comme ceux du ver qui, grain à grain, fait le trou dans le bois et le désagrège jusqu'à ce qu'il le réduise en poudre.

Par l'horreur même des temps et la grandeur souvent sinistre de l'enjeu, la clubite avait quelque chose de grand. Du moins il y eut des heures où, quoique exécrable et sanguinaire, le jacobinisme ne fut pas sans une espèce de noblesse. Au contraire, la comitardite a toujours quelque chose de bas. Il y a, de l'une à l'autre, il y a, des pratiques et, pour tout dire, de la physionomie de l'une à la physionomie et aux pratiques de l'autre, la

distance qu'il y a de la maxime farouche et
comme désespérée de la première au cri famé-
lique, à l'appel alimentaire de la seconde :
« Ote-toi de là que je m'y mette ! » Mais, dans
le fond, c'est le même mal; un autre accès né
de la même diathèse. Pour peu que la fièvre
tombe, que la révolution s'apaise et s'assoie
en un régime stable, la clubite se change en
comitardite. Elle s'électorise, se parlementa-
rise.

Dans sa réponse à une enquête du journal
l'Intransigeant, probablement écrite avant
qu'il fût revenu à la présidence du Conseil,
M. Raymond Poincaré remarque : « Depuis
la paix, les commissions permanentes ont pris,
dans chacune des deux Chambres, *le caractère
de comités exécutifs* qui prétendent participer
de plus en plus à l'action gouvernementale. »
Sans doute, la différence est évidente ; elle
consiste premièrement en ceci, qui est énorme : les commissions, dans chacune des deux
Chambres, quelque brouillonne et gênante que
puisse être leur intervention, sont régulières,
légales, et c'est tout le contraire des comités
électoraux, qui sont, eux, irréguliers, illégaux
ou extra-légaux. Pourtant, ce serait un tort

de conclure trop vite qu'il n'y a entre ces
commissions et ces comités aucun rapport. Les
uns et les autres sont ,dans la logique du système démocratique, où il est naturel que « des
comités exécutifs prétendent participer à l'action gouvernementale » (la définition même de
la démocratie n'est-elle pas : le gouvernement
de tous par tous ?), et où le gouvernement
proprement dit fait toujours un peu figure
oligarchique, si ce n'est monarchique. Révélée
par les uns ou par les autres, c'est la même
affection, plus ou moins aiguë. M. Poincaré
ne se flatte pas, je pense, de nous en défaire
par un bon petit cataplasme ou par une bonne
vieille infusion de règlement.

Vue et jugée dans son ensemble, la comitéite
ou comitardite n'est point une corruption de
la démocratie : c'en est le fonctionnement, la
pulsation, la respiration, c'en est la température, le souffle et le rythme mêmes. La
démocratie suppose, postule les comités. Plus
de comités, plus de démocratie. En théorie,
oui, mais non en pratique. Or, on connaît la
formule du chirurgien, qui, scientifiquement
exacte peut-être, doit paraître cruellement déri-
soire à la famille : « Le malade est mort gué-

ri. » Ainsi de la comitardite. On ne peut guérir de ce mal la démocratie sans la tuer. Je
veux dire : sans tuer la démocratie.

Reste à décider lequel est le pire : « Vaut-il
mieux vivre avec les comités que de ne pas
vivre en démocratie ? » — Nous ne posons pas
la question : elle se pose.

*
* *

Je m'abstiendrai de citer une fois de plus
la page célèbre de Fustel de Coulanges sur les
dangers qui menaceraient un pays dont toute
la population mâle serait habituellement occupée aux besognes et distraite par les jeux de
la politique. Aussi bien ne saurait-ce être, in-
sistons-y, le cas pour des Etats qui ont dépassé
une certaine taille. Ils reviennent fatalement,
par un détour, aux mœurs de la cité antique :
ils sont livrés, en fait, à une classe de politiciens professionnels, oisifs pour tout le reste,
et qui ne travaillent guère que de la langue,
dans les parlotes qui ont succédé à la Pnyx
et au Forum. La démocratie directe, à laquelle
chaque citoyen participe immédiatement de

sa personne, est un mode de gouvernement qui ne peut être pratiqué que dans des Etats municipaux, et qui exige l'enceinte close de la cité ou de la vallée. Elle n'est possible que sur un territoire restreint. Si le territoire national est trop vaste, il faut qu'il se divise en Etats particuliers, provinces ou cantons. Alors, il n'y a de possibles que des Confédérations d'Etats, et les Confédérations ne sont possibles que pour des pays placés géographiquement et historiquement dans des conditions déterminées, dont l'unité n'est pas scellée ni consacrée par les siècles, et pour qui la concentration, sinon la centralisation; n'est ni une longue tradition à l'intérieur, ni une nécessité permanente vis-à-vis de l'extérieur.

Ce ne sont pas des conditions faites pour nous. Nous devons donc raisonner et agir dans l'hypothèse d'une démocratie représentative. Mais la démocratie représentative, qu'est-elle en réalité, et que sera-t-elle toujours ? Une expérience de cinquante ans nous interdit maintenant les illusions. Il importe, si on la préfère ou si on l'accepte, de n'en attendre ni plus qu'elle ne peut donner, ni autre chose que ce qu'elle peut donner. Ces quatre mala-

dies, la parlementarite, l'électorite, le n'importequisme, la comitardite, ces quatre entre
autres, sont malignes et tenaces. Spécifiques
évidemment de la démocratie représentative,
il est à craindre qu'elles ne lui soient congé-
nitales. Peut-être sont-elles incurables. Leurs
ravages réunis en arrivent à ce résultat anti-
social de sacrifier l'élite au nombre et d'imposer le règne d'une médiocrité qui va s'épais-
sissant de plus en plus. Quant au remède, on
l'a cherché dans une réforme, ou plutôt dans
une série de réformes qui substitueraient au
suffrage universel inorganique le suffrage universel organisé. Mais, au bout de bien des
efforts, et après plus d'un échec, on est obligé
d'en convenir : si la notion d'organisation
n'est pas absolument contradictoire à la notion
de démocratie, elle est malaisément concilia-
ble avec elle. En serions-nous réduits à nous
redire tristement que la République était si
belle sous l'Empire ? Il en est de la passion
politique comme de toute passion, de cet
amour comme de toutes les amours, et du choix
d'un régime comme du mariage. C'est prudence et sagesse que de ne pas se faire, aux
fiançailles, la mariée trop belle, car la vie est

longue, et, le charme rompu, le désenchante-
ment venu, quand décidément le ménage apparaît par trop pénible en ses mesquineries et
ses vulgarités, il n'y a plus de solution que
dans le divorce.

L'ART DE CAPTER LE POUVOIR

LE PARTI

Jusqu'au milieu du siècle dernier, il semble que, même dans les pays à institutions plus ou moins parlementaires ou représentatives, les écrivains politiques n'aient fait aux partis, en tant qu'éléments actifs et organes essentiels de la vie nationale, qu'une très petite place, s'ils leur en ont fait une ; qu'ils n'en aient pas ou n'en aient que peu parlé. Ainsi Montesquieu et Delolme, dissertant, l'un brièvement en 1748, l'autre longuement en 1771, « de la Constitution d'Angleterre ». Ainsi encore Tocqueville, sur les États-Unis, vers 1835. C'est seulement entre 1840 et 1850 que les théoriciens, — Suisses et Allemands en tête, les Rohmer, les Stahl, les Wachsmuth, les Frantz, les Abt, les Bluntschli, — commencent à concevoir une histoire et presque une histoire naturelle, une espèce de physio-psychologie des partis. Non pas qu'auparavant il n'y eut point de partis : il y en eut partout et toujours, depuis qu'il y a des hommes, et qui se disputent pour se gouverner. Mais c'est seulement depuis que le suffrage s'est étendu, généralisé ; depuis que la masse à mouvoir, plus volumineuse et plus lourde, a exigé des ressorts plus puissants ; depuis que l'Etat est fondé sur le nombre et qu'il faut conquérir le nombre pour avoir l'Etat ; c'est seulement depuis lors que les partis ont pris, dans la théorie comme dans la pratique, toute l'importance que nous leur voyons aujourd'hui.

Cette importance, si prodigieusement accrue, peut se mesurer au simple fait que, là où Montesquieu n'a rien dit, où Delolme s'est contenté de quelques lignes vagues, et Tocqueville d'un court chapitre, aujourd'hui M. James Bryce consacre un volume entier[1] et M. Ostrogorski, deux gros volumes[2], à dé-

1. *La République américaine*, traduction française en quatre volumes in-8°, t. III : *le Système des partis ; — l'Opinion publique.*

2. *La Démocratie et l'organisation des partis politiques*, t. I, l'Angleterre, t. II, les États-Unis ; 2 vol. in-8° ; Calmann-Lévy, 1903.

monter et à décrire la mécanique des partis,
considérés, en vue de l'utilisation, de la domes
tication, et malheureusement aussi de l'exploitation de la grande force aveugle qu'est le
nombre, comme les pièces maîtresses de la
« machine » de l'Etat. Par là se trouve posé
un problème de l'intérêt le plus haut et le plus
pressant, dont les données multiples sont : les
conditions du régime parlementaire, le but
légitime des partis, la fin même de l'Etat,
d'une part ; et d'autre part, l'extension du
droit de suffrage, ou le développement de la
démocratie. Une telle question vaut sûrement
qu'on l'examine, sinon dans toute son am-
pleur et toute sa portée, ce qui serait fort difficile, du moins sans trop la rétrécir ni la rape-
tisser. Essayons donc de montrer ici ce que
devraient être les partis, au gré du juriste et
du philosophe ; ce qu'ils ont été dans l'histoire,
ce qu'ils sont dans la vie, ce qu'ils peuvent être
dans la réalité ; comment le développement de
la démocratie, l'extension du suffrage, a agi
sur leur formation, sur leur composition, sur
leur direction ; comment, d'organiques qu'ils
étaient d'abord dans l'Etat hiérarchisé, — dans
l'Angleterre d'avant 1832, par exemple, — ils

sont, quand on a lâché le nombre à travers l'Etat égalisé, quasi nécessairement devenus mécaniques ; comment, enfin, une tendance se dessine à compléter, ou à compenser, et à remplacer les partis politiques permanents, à objet illimité, par des groupements politiques temporaires, à objet bien déterminé.

I

Pendant longtemps l'opinion commune a tenu l'existence des partis pour un mal, auquel on ne se résignait que faute de pouvoir s'y soustraire. Les théoriciens eux-mêmes n'ont osé qu'assez tard remonter ce courant, et ils ont rencontré de la résistance. Ils avaient beau écrire : « Les partis politiques apparaissent partout où la vie politique se meut librement. Ils ne disparaissent que chez les peuples paresseusement indifférents aux affaires publiques ou opprimés par un pouvoir violent. Leur absence est donc un signe d'incapacité ou d'oppression. » Les esprits imbus de la croyance, présentée alors comme scientifique, qu'il n'était pas jusqu'à l'Etat qui ne fût un mal, inévitable, lui aussi, mais un mal, se montraient réfractaires à reconnaître que les partis pussent être un bien.

Vainement la doctrine affirmait : « Les partis politiques se manifestent d'autant plus nettement que la vie politique est plus riche et plus libre. C'est l'effort et la rivalité des partis qui engendrent les meilleures institutions politiques, et qui mettent en lumière toute la richesse des forces latentes de la nation. Ne croyez point, avec certaines âmes timides, que les partis politiques soient une faiblesse et une maladie de l'Etat moderne. Ils sont, au contraire, la condition et le signe d'une vie politique forte. N'appartenir à aucun parti n'est nullement une vertu du citoyen, et dire d'un homme d'Etat qu'il est en dehors des partis est un éloge équivoque. »[1] Plus vainement encore, allant plus loin et poussant jusqu'au bout du raisonnement, la même doctrine déduisait, des axiomes qu'elle venait de poser ainsi, des conséquences de cette sorte : l'homme d'Etat, non seulement peut être, mais doit être un homme de parti, et le fonctionnaire, quelque impartial qu'il doive être dans l'exer-

1. BLUNTSCHLI, *La Politique*, traduction de RIEDMATTEN.

cice de sa fonction, peut cependant, en dehors d'elle, et comme citoyen, appartenir à un parti. Il suffit qu'il maintienne en lui parfaitement séparés, sans que jamais ils s'y mêlent, les droits du citoyen et les devoirs du fonctionnaire ; que si, simple citoyen, il a oublié le fonctionnaire, redevenu fonctionnaire, il dépouille le citoyen ; que, sa défroque de parti rejetée, à l'heure où il rentre dans sa fonction, son impartialité soit pour lui comme la toge qu'il revêt, qui le couvre, et, en l'isolant de tout ce qui l'entoure, le grandit. « Les actes du fonctionnaire sont les actes mêmes de l'Etat. Le droit public, dans les attributions qu'il confère et dans les charges qu'il impose, ignore les partis. La constitution et la loi fixent le droit applicable à tous, et mettent des bornes aux menées des partis. Le juge ne regarde que la justice ; le ministre ne peut employer les fonds de l'Etat au profit d'un parti, ni édicter des mesures de police fondées sur l'esprit de parti ; les lois doivent demeurer impartiales. Ce n'est que là où la politique commence que l'esprit de parti peut se donner libre cours. »[1]

1. BLUNTSCHLI, *ibid.*, p. 321.

A lire cela, ne jurerait-on pas lire du Corneille ? « Il doit », « ils doivent » ; dites au
moins : « il devrait ». Car, la faiblesse humaine, qu'en faites-vous ? Et pouvez-vous demander à vos fonctionnaires de tout ordre et de
tout degré, à vos 600.000 fonctionnaires,
d'avoir des âmes de héros ? Pensez-vous que
leur tiède cœur se livre à lui-même incessamment cette espèce de combat de Don Rodrigue
partagé entre l'amour et l'honneur, entre le
droit et le devoir ? Et, s'il le livre, combien
de fois l'honneur et le devoir ne seront-ils pas
vaincus ? Dire en même temps au même homme : « Sois impartial » et : « Sois un homme
de parti », n'est-ce pas d'un seul coup l'écra-
ser sous la contradiction, et préparer à ses défaillances la meilleure de toutes les excuses :
l'impossible, à quoi nul n'est tenu ? Voilà ce
que le bon sens répond aux professeurs de
philosophie politique, qui parlent ici un peu
en poètes. Et il n'est pas sans les embarrasser ;
à tel point qu'ils ne s'en tirent que par la
distinction subtile, — et classique d'ailleurs,
— du parti et de la faction.

Le *parti* est un bien, la *faction* est un mal ;
l'homme d'un parti est un citoyen vertueux,

l'*homme d'une faction* est de la graine d'anarchie ou de tyrannie. « Le parti ne se confond point avec la faction. Celle-ci en est l'exagération et la dégénérescence, et elle est aussi désastreuse pour l'Etat que les partis lui sont utiles. Les partis se forment et grandissent dans une nation saine, les factions dans une nation malade. Les uns complètent l'Etat, les autres le déchirent. Dans sa croissance, l'Etat est animé par les partis ; dans sa décadence, il est la proie des factions. Un *parti politique* est un parti qui s'inspire d'un principe *politique* et qui poursuit un but *politique*. On l'appelle « politique », parce qu'il est en harmonie avec l'Etat, compatible avec lui, et dévoué au bien commun. Un parti peut avoir de nombreux défauts, accepter légèrement toute innovation ou s'attacher anxieusement au passé, employer des moyens ineptes, poursuivre un but insensé, et cependant mériter encore cette honorable qualification. Mais un parti n'est plus qu'une faction, quand il se met au-dessus de l'Etat, quand *il subordonne les intérêts de l'Etat aux siens, le tout à la partie.* »[1]

1. BLUNTSCHLI, *ibid.*, p. 323. Ici, savante explication phiologique du mot latin *pars*, à la fois *parti* et *partie*.

On reconnaissait le « parti » à ce que, étant fait d'hommes, il servait sans doute des intérêts particuliers, mais, avec eux et au-dessus d'eux, étant *politique*, il servait également l'intérêt général, qui le plus souvent l'emportait. On reconnaît la « faction » à ce que, dans « son égoïsme triomphant », elle ne songe qu'à « exploiter l'Etat à son profit ».

Le malheur est que tous les partis tendent à tout moment de tout leur effort à se mettre au-dessus de l'Etat, à subordonner ses intérêts aux leurs, à l'exploiter à leur profit, et par conséquent à se transformer ou à se déformer en *factions*. Le malheur est que, si tel parti « accepte légèrement toute innovation » et si tel autre « s'attache anxieusement au passé », si tous plus ou moins et tour à tour « emploient des moyens ineptes » dans la poursuite d' « un but insensé », ce but n'est plus dès lors « un but politique » ; ce ne sont plus des « partis politiques » ; ils n'ont plus droit à « cette honorable qualification ; ils ne s'inspirent plus « d'un principe politique » ; ils ne sont plus « en harmonie avec l'Etat » ; ils ne sont plus « compatibles avec lui » ; ce n'est plus le parti, mais la faction ; ce n'est plus une fonction organique, mais une maladie de l'Etat, dont elle annonce et marque déjà « la dégénérescence ».

Or, c'est ce qui arrive toujours ou presque toujours : il n'est pour ainsi dire pas un parti qui, par le pouvoir, du reste, ou par l'opposition, n'exagère son programme, n'exaspère sa manière, et finalement ne s'altère et ne se dissolve en faction. Mais si le passage du parti à la faction est rapide et facile ; si, d'un côté, les partis sont nécessaires ou utiles à la vie de l'Etat, et si, de l'autre côté, il est inévitable que tôt ou tard ils se décomposent en factions, l'Etat vit donc d'une succession de décompositions et de recompositions, à la façon dont le corps vit du renouvellement des cellules. Quelle règle tirer de ce fait de biologie politique ? Pour rendre plus sûre et plus calme, plus forte et plus féconde, la vie de l'Etat, vaut-il mieux rendre la cellule plus résistante, ou plus aisé le phénomène de décomposition et de recomposition ? Vaut-il mieux renforcer le parti, accroître son importance, prolonger sa durée, tâcher d'en retarder, sans pouvoir l'empêcher un jour, la corruption ; ou, tout au contraire, l'affaiblir, circonscrire au plus près son action et abréger son existence, hâter et multiplier les renouvellements ?

En d'autres termes, le problème qui se posera sera bien : vaut-il mieux des partis permanents ou des groupements temporaires ? Mais n'allons pas si vite, et faisons le tour de notre sujet. On vient de le voir : la théorie enseigne, ou du moins enseignait naguère, que les « partis politiques » sont un bien, que seules les « factions » sont un mal : l'opinion commune, l'observation courante, le bon sens objectent que fatalement les partis tournent et finissent en factions. La théorie a-t-elle raison ? L'opinion commune a-t-elle tort ? C'est le cas et c'est le moment de le demander à l'histoire.

II

Il n'est pas besoin de sortir de l'histoire moderne, ni de remonter jusqu'aux partis ou factions de la Grèce et de Rome, jusqu'aux *Verts* et aux *Bleus* de Byzance, ni même jusqu'aux républiques italiennes du Moyen Age

et de la Renaissance, ou jusqu'aux villes flamandes, ou jusqu'à l'Angleterre de la *Rose
blanche* et de la *Rose rouge*. L'histoire moderne des partis commence avec les deux partis parlementaires classiques, avec l'histoire
même du parlementarisme anglais, prototype
et modèle du parlementarisme moderne. Dans
le régime parlementaire anglais, les *tories*
apparaissent lors de la révolte des royalistes
irlandais contre le Parlement, en 1648 ; et les
whigs, lors de la rébellion de l'Ecosse sous
Charles II, en 1680, pour prendre, quelques
années après, la tête de la révolution de 1688 et
soutenir ensuite la maison de Hanovre contre
les Jacobites. Dès le premier moment, il semble qu'on ne les voie pas d'un œil très favorable : si l'étymologie généralement attribuée
à leurs noms est exacte, *whigs* voudrait dire
« laitiers » ou « charretiers », et *tories*, « forbans » ou « bandits ». Ce sont de ces aimables
qualificatifs que, de tout temps, les hommes se
sont donnés les uns aux autres pour exprimer
qu'ils ne pensaient pas absolument de même
sur quelques points. Aux *whigs* et aux *tories*
peuvent faire pendant, dans le genre péjoratif,
en Angleterre même les *Têtes rondes*, et ail

leurs les *Gueux* des Pays-Bas ou les *Sans-culottes* de France.

Le plus souvent, et plus simplement, quand c'est chaque parti qui se baptise soi-même, et non pas le parti adverse qui le baptise, il tire son nom soit de la place qu'il occupe dans les assemblées, — droite, gauche, centre, extrême droite, extrême gauche, centre droit, centre gauche ; — soit d'une couleur, jadis les *verts* et les *bleus*, puis les *blancs* et les *bleus*, puis les *blancs* et les *rouges* ; — soit du nom du prince ou du chef : les bonapartistes, les orléanistes, les carlistes, les mazzinistes ; soit enfin, — ce qui marque un perfectionnement, — d'une tendance politique ou sociale : les conservateurs, les libéraux, les radicaux, les socialistes. Parfois même, et plus simplement encore, il suffit aux partis d'une circonstance générale ou locale, économique ou politique : ils sont alors le peuple *puissant*, *médiocre* et *bas*, les *grandi* et les *popolani*, les *gras* et les *maigres* de Florence, les capitalistes et les prolétaires de nos grandes villes de luxe ou d'industrie ; les *Hörner* et les *Klauen*, — les « bêtes à cornes » et les « pieds fourchus », — nés d'un dissentiment sur la manière de jouir des pâturages communs, du canton montagnard de Schwytz[1].

La théorie, qui prétend enfermer dans des cases et dans des cadres la complexité infinie des choses, et introduire en histoire politique des classifications d'histoire naturelle, néglige « les formations sans principe et sans durée », sans autre raison d'être qu'une rivalité personnelle, ou une coalition accidentelle ; et, s'en tenant aux « partis de principe », lesquels, « à ses yeux », ont seuls des lois permanentes, elle professe que, « par rapport à la pureté de leur origine, les partis peuvent se ranger en six catégories ».

La première serait celle des partis *mêlés* ou *mixtes*, à la fois *religieux* et *politiques* ; mais plus religieux que politiques : ainsi, après la Réforme, les *protestants* et les *catholiques* ; en France, les ligueurs et les huguenots ; en Angleterre, les anglicans, les presbytériens et les

---

1. *Hörner, Hornmänner*, partisans du bétail à cornes, ou plutôt du gros bétail (vaches et chevaux) ; *Klauen*, pieds fourchus, partisans du menu bétail (chèvres et moutons). Les *Klauen* furent soutenus par les libéraux ; le gouvernement défendit les *Hörner* ; la querelle devint ainsi politique (1838). — Cf. BLUNTSCHLI, *la Politique*, p. 325.

puritains ; plus tard, et bien que l'élément politique l'emporte de plus en plus sur le religieux, le parti catholique ultramontain et le parti protestant orthodoxe ; de nos jours même, le centre catholique allemand ; aux Pays-Bas, le parti catholique, le parti chrétien-historique, le parti calviniste anti-révolutionnaire.

La deuxième catégorie est celle des partis dont la formation a pour base le territoire ou la nationalité : ainsi, jadis, dans la Grande-Bretagne, les Anglais, les Ecossais, les Irlandais ; ainsi, dans l'Empire allemand, les Polonais, les Alsaciens-Lorrains, les Danois, les Guelfes, gens du Hanovre et de Brunswick ; ainsi en Autriche-Hongrie l'inextricable broussaille des races : Slaves contre Allemands, Slaves contre Magyars, Slaves du Nord et Slaves du Sud, Italiens, Roumains, etc... Catégorie fondée aussi sur la région ou la province : vieux Bavarois, Francs, Souabes et Palatins en Bavière, Zurichois et Bernois en Suisse.

La formation suivant les *ordres* serait la troisième catégorie : jadis clergé, noblesse et tiers état; et, dans l'Etat moderne, il n'y a plus d'ordres, mais l'ordre y est, jusqu'à certain point et en prenant les mots au sens relatif, remplacé par la *classe* : ouvriers et bourgeois.

Quatrième catégorie : les partis constitutionnels ou groupés suivant les formes soit de l'État, soit du gouvernement, soit des institutions politiques ou administratives : unitaristes et particularistes, nationalistes et fédéralistes, monarchistes et républicains, aristocrates et démocrates, centralisateurs et décentralisateurs.

La cinquième catégorie est proprement inhérente au régime parlementaire : c'est la division, essentiellement parlementaire, en *majorité* et *opposition* ; la théorie ne les condamne que lorsqu'elles deviennent systématiques, ministérielles ou antiministérielles toujours et quand même ; au surplus, elle les admet, et comment ne les admettrait-elle pas, puisque, si elles n'étaient point, le régime dit parlementaire ne serait plus et que, puisqu'il est, les repousser, ce serait se heurter et se briser au fait ?

Mais elle place au sommet de l'échelle ascendante des partis, elle en considère comme le type le plus pur et le plus haut, — sixième et dernière catégorie, — ceux de ces partis

« qui ne s'inspirent que de *principes politiques*
et qui *accompagnent librement et constamment la vie de l'Etat* ». Peut-être est-il, d'ailleurs, permis d'en souhaiter une définition
plus claire que celle-ci, qui est littéralement
traduite de l'allemand et qui laisse du vague
sur ce qu'elle veut dire : en gros, il semble
qu'elle signifie que la grande qualité, la qualité souveraine d'un parti politique, c'est
d'abord d'être « politique », de n'être que
cela (et non pas un parti de religion, de nationalité, d'ordre ou de classe) ; étant cela, de
« ne s'inspirer que des principes » (et non pas
de l'intérêt, des préjugés, de la sympathie ou
de l'antipathie) ; ne s'inspirant que des principes, de « n'avoir en vue que le bien de
l'Etat » (et non pas son bénéfice particulier) ;
n'ayant en vue que le bien de l'Etat, d'y travailler *librement* (et non selon une formule ou
sous des hommes dont il deviendrait l'esclave),
constamment (et non par à-coups, selon les
jeux de sa fantaisie).

La bonne théorie s'indignait de ce que quelque hérétique ou sceptique osât dire que « le
principe du progrès, qui est certainement une
loi de l'histoire générale de l'humanité, pa-

raisse ne jouer aucun rôle dans l'histoire des partis, et que tels ils étaient dans l'antiquité, tels ils sont demeurés jusqu'à ce jour. » — C'est là une erreur profonde, tranchait-elle. Sans doute la *nature humaine*, qui est aussi le fondement des partis, — et l'on partait de là pour tenter une classification *psychologique* des partis, par tempérament et par âge : le radical, c'est l'enfant « surtout réceptif » et dont les qualités sont « surtout féminines » ; le libéral, c'est « le jeune homme ayant terminé ses études et entrant dans la vie conscient de lui-même et de sa force » ; le conservateur, « c'est l'homme de trente à quarante ans, moins occupé d'acquérir des biens nouveaux que d'améliorer et d'étendre ceux qu'il possède » ; l'absolutiste, enfin, c'est l'homme âgé, « c'est le sexagénaire » en régression vers l'enfance et le radicalisme puéril [1] ; — sans doute,

1. BLUNTSCHLI, d'après ROHMER. — Cette classification psychologique des partis, piquante et ingénieuse, mais, certainement aussi, arbitraire et fragile, jouit quelque temps d'une faveur rare. Frédéric Rohmer exposa pour la première fois sa théorie, en 1842, dans le *Beobachter aus der östlichen Schweiz* ; et, deux ans après, son frère, Théodore Rohmer, la publia en volume sous le titre : *Friedrich Rohmers Lehre von den politischen Partein*, Zurich, 1844. Réimprimé postérieurement par Beck à Nordlingen.

donc, la nature humaine, qui est aussi le fondement des partis, est demeurée la même en son fond, et les passions excitées peuvent conduire, aujourd'hui comme il y a deux mille ans, à des actes d'odieuse barbarie... Toutefois, et malgré les crimes isolés qui ont ensanglanté notre époque, un souffle plus humain a tempéré les haines, et les luttes civiles sont certainement aujourd'hui plus rares et moins violentes que dans le passé.

Un progrès au moins a été réalisé ici même, concluait Bluntschli, et c'est que « chaque grande formation nouvelle des partis s'élève d'un degré au-dessus de la précédente. Les partis se sont de plus en plus dégagés de tout alliage étranger, pour *se fonder davantage sur les principes, pour devenir plus conscients et plus libres* ». Le vieux maître disait-il vrai ? Ou ne voyait-il pas, théoricien impénitent, les idées plutôt que les faits ? Ne voyait-il pas seulement parmi les faits ceux qui allaient dans le sens de ses idées ? Mais nous, n'en avons-nous pas vu, n'en voyons-nous pas encore d'autres, qui vont en sens inverse ? Contemporains et concitoyens de certains partis, spectateurs admis de tout près à leur naissance et

à leur croissance, oserions-nous bien affirmer
que chaque formation nouvelle est un progrès
sur la précédente, et que chaque parti nouveau, plus sévèrement fondé sur les principes,
monte de plus en plus vers l'idéal de liberté
consciente proposé comme état de perfection,
comme fin suprême, à la vie et à l'œuvre des
partis politiques ?

Quoi qu'il en soit, — et en attendant que
nous sachions ce qu'il en est, — historiquement, dans l'histoire parlementaire moderne,
depuis les tories et les whigs, depuis 1648 et
1680, la formation parfaite des partis a été la
formation en deux grands partis opposés et
alternants, existant à cette triple condition et
n'existant qu'à cette triple condition : un chef,
un programme, une discipline. Chef librement reconnu, programme librement adopté,
discipline librement acceptée ; adhésion au
programme, soumission à la discipline en la
personne du chef. Ainsi le *leadership*, — comment traduire ce mot intraduisible ? — l'autorité (ou, si l'on pouvait le dire, la *chefferie*),
est l'élément premier et constitutif, le noyau
du parti classique. C'est autour du chef que
le parti s'agrège, et il est le chef, non seule-

ment parce qu'il est le *leader*, parce qu'il parle ; mais il l'est aussi et surtout parce qu'il pense, parce qu'il veut, parce qu'il agit, parce qu'il manœuvre et parce qu'il gouverne pour le parti et par le parti. Le parti est dans la main du chef, et chaque adhérent du parti ; de l'adhérent au chef, il n'y a en quelque sorte point d'intermédiaire, l'adhésion est directe, le lien est presque personnel. L'adhésion est donnée, une fois pour toutes, au parti et au chef, au chef représentant et incarnant le parti ; au parti libéral et à M. Fox, au parti libéral en M. Fox ; au parti conservateur et à lord Liverpool, au parti conservateur en lord Liverpool ; et du chef aux soldats descend le commandement, et des soldats au chef monte l'obéissance, sans que, ni du commandement ni de l'obéissance, rien soit distrait et perdu en chemin. Tel était le parti whig et tel était le parti tory, de l'ancien type, du type pur : tel devait être, à leur image, tout parti formé sur ce type. Et, en effet, lorsque le régime parlementaire, — ou les adaptations plus ou moins déformées qu'on en a faites, — est passé sur le continent, c'est à ce type pur des deux partis anglais à *leadership* que les partis

ont d'abord essayé de se conformer. Mais ils
n'y ont partout, ou presque partout, que médiocrement réussi, quand ils n'y ont pas complètement échoué ; et, même là où ils semblaient y avoir réussi pour un temps, bientôt
il est devenu évident que la greffe n'avait pas
bien pris et que l'espèce dégénérait. Exemple :
le parti conservateur espagnol, de 1874 à 1896
environ, sous le *leadership* de M. Cánovas del
Castillo, et le parti libéral, sous le *leadership*
de M. Sagasta ; les autres partis, républicain
et carliste, étant réduits alors à rien ou à fort
peu de chose. Peu à peu cependant, et en
moins de vingt années, le ver apparaissant, le
leadership était rongé, les partis se désagré-
geaient. Mais il y a plus ; jusque dans la mère-
patrie du régime parlementaire, jusque sur le
sol natal des grands partis classiques, ces partis
se sont de plus en plus relâchés, se détendent
de plus en plus, et de plus en plus penchent à
se dissocier. Observation à retenir : chaque
élargissement du corps électoral, chaque réforme, celle de 1832, celle de 1867, celle de 1884,
a marqué comme une étape dans l'évolution
ou dans la transformation des partis en Angleterre ; et il en a été d'ailleurs exactement de

même en Espagne : c'est en 1890 que le suffrage universel y fut introduit, et c'est à partir de 1890 que le parti copié sur le type classique déclina ; comme si la force du nombre, brusquement ou même progressivement jeté dans le moule, le faisait craquer et éclater.

Nous revenons, par cette observation, à notre point central. J'ai eu l'occasion de dire autre part que l'introduction du nombre ou du suffrage universel dans la mécanique de l'Etat pouvait être comparée à l'introduction de la vapeur dans la mécanique de l'industrie. Quelques-uns ont crié à la métaphore ; et pourtant, de métaphore, ici, il n'y en a point, ou il y en a aussi peu que possible. Oui, le suffrage universel appliqué au régime parlementaire a entraîné dans l'organisation des partis des mouvements, des changements analogues à ceux qu'a déterminés dans l'organisation des métiers l'application de la vapeur ; et le premier de ces changements a été la multiplication, la complication de la mécanique. Et comme la substitution, dans la grande industrie, de l'usine à l'atelier de famille, d'un patronat souvent anonyme et collectif au patronat personnel, d'une masse d'ouvriers, elle aussi anonyme pour le patron lointain ou absent, aux petits groupes, aux petites sociétés de compagnons vivant près du patron et avec lui, comme cette substitution a modifié de fond en comble les rapports entre le chef d'industrie et ses ouvriers, a bouleversé l'ordre ancien, l'ancien régime du travail ; ainsi l'irruption du nombre dans les institutions politiques a complètement modifié les rapports entre le chef de parti et ses adhérents, brisé les formations anciennes, bouleversé l'ancien régime parlementaire.

Aussi bien pour mouvoir une masse infiniment plus lourde que pour produire une législation infiniment plus abondante, — et qui ne pouvait pas ne pas l'être, — il fallait maintenant une mécanique infiniment plus puissante ; et c'est sur ce mot : *mécanique*, qu'il faut rester, parce qu'il dit tout. Le partisan ne va plus adhérer spontanément au parti, il ne va plus se rattacher directement au chef, il va être poussé dans un engrenage, faire sa fonction de dent de roue entre deux autres dents de roue, et subir autant qu'il agit ; la masse électorale devient, comme ailleurs la masse ouvrière, anonyme et impersonnelle au regard du *leadership*, qui devient lui-même impersonnel, anonyme et collectif. De psychologique, ou d'organique, ou de tout ce qu'on voudra que le parti ait été auparavant, avant le suffrage universel, il devient, par le suffrage universel, purement et simplement mécanique, — si c'est là pureté et simplicité.

III

Le phénomène est assez important pour qu'on en relève soigneusement les caractéristiques. L'introduction soudaine ou même progressive du suffrage universel dans les vieux cadres du régime parlementaire les a tendus et forcés jusqu'à les rompre. Il ne s'agit pas ici de contester la légitimité de cette extension presque illimitée du droit de suffrage : on ne conteste pas les faits, on ne peut que les constater : or, le suffrage universel est un fait ; mais le régime parlementaire en est un autre ; et comment ne pas reconnaître que, bien qu'un des objets principaux de la politique semble être aujourd'hui de les concilier et de les confondre, ces deux faits sont pourtant différents et, dans une certaine mesure, contradictoires ?

Assurément, ce n'est pas sans raison qu'on récriminait autrefois contre l'esprit de classe, « cette malédiction de l'Angleterre » ; — de Bentham à John Stuart Mill, tous les auteurs répètent la même protestation ; — et ce n'est pas non plus sans raison qu'elle trouvait par delà le détroit, dans toute l'Europe continentale, un écho retentissant. Mais pourtant, n'est-ce pas précisément sur la *classe*, sinon sur l'*ordre*, qu'était fondé le régime parlementaire anglais et de type anglais ? L'ancienne société anglaise acceptait et consacrait, plus que la prédominance, la domination absolue d'une classe aristocratique ; domination aussi bien politique qu'économique ; et le régime parlementaire anglais en portait la trace profonde : « L'intérêt terrien a seul le droit d'être représenté ; quant à la canaille, qui n'a que des biens meubles, quelle prise a la nation sur elle ? » disait, dans son résumé au jury, le lord-justice Clerk à la Haute Cour de justice d'Edimbourg, lors du célèbre procès de Muir, en 1793. [1]

1 Voyez OSTROGORSKI, *La Démocratie et l'organisation des partis politiques*, I, p. 5.

Et il n'était encore question que de « la canaille qui a des biens meubles » ; que serait-ce plus tard, quand tant de révolutions et d'agitations rouleraient jusqu'aux portes du Parlement l'immense flot de « la canaille » qui n'a même pas de biens meubles ! Au reste, cette classe aristocratique, à qui seule, pour ainsi dire, appartenait la représentation, n'était pas, quoique fermée, radicalement impénétrable ; si un homme s'élevait par son travail, rien n'empêchait qu'il fût admis dans la classe dirigeante ; il passait, mais la herse du château-fort retombait aussitôt sur lui. C'était quelque chose d'analogue à ce qui se vit, sous Louis XIV et sous Louis XV, en France, où l'on citerait des exemples de gens de commerce anoblis. Exemples qui ne sont que des exceptions, et qui n'entament pas la règle. La règle, — c'était bien une règle, et c'était celle du régime parlementaire, — demeurait que, non pas même les aristocrates terriens, mais la classe aristocratique en tant que classe était représentée et représentait. Même dans cette classe, l'individu, socialement et politiquement, n'existait pas à l'état d'homme : il n'existait qu'à l'état de classe. Toute

intention ou tentation d'indépendance lui était
non seulement interdite, mais rendue impossible par la contrainte du milieu érigée en discipline du parti : « Non, Monsieur, dit à son
petit-fils lord Monmouth, un des héros de Disraeli ; vous voterez avec votre famille ; vous
n'avez pas à considérer vos opinions, comme
le ferait un philosophe ou un aventurier. » [1]

Il est certain qu'un très grand nombre de
membres du Parlement, s'ils n'étaient pas des
aventuriers, n'étaient pas davantage des philosophes. Mais ne nous inquiétons point en
ce moment de la qualité intellectuelle de chacun de ces membres, et, si l'on le veut, tenons-
les tous ensemble, comme on l'a prétendu avec
une irrévérence où se mêlait quelque fierté,
pour la plus belle collection ou réserve de
« forces brutes » qui ait jamais été rassemblée.
Forces brutes ! insinuait-on : forces neuves et
non usées du moins ; forces à la fois sociales
et politiques, par lesquelles se trouvait là réa-
lisée la condition première et essentielle de
tout gouvernement parlementaire, qui est le
rapport exact et étroit, l'harmonie, car l'adé-

1. *Coningsby*, livre III, ch. III.

quation serait trop demander, du régime politique et de l'état social.

Tant que cet équilibre parfait est établi et
maintenu, le système parlementaire joue régulièrement : il joue mal ou ne joue plus du tout
dès que l'équilibre est troublé. Il reposait en
somme sur la puissance politique de ce que
Le Play, en France, devait appeler « les autorités sociales » [1], il supposait réunies dans
les mêmes personnes et coopérant au même
but l'autorité sociale, d'une part, et, d'autre
part, la puissance politique. Mais peu à peu
s'accomplissait la grande transformation qui a
rempli le XIXe siècle ; peu à peu la double révolution politique et sociale développait toutes
ses conséquences ; et peu à peu la contradiction ressortait, s'accusait entre le pouvoir de
fait dans la société transformée et la position
légale dans l'Etat, comme, plus tard, inverse-
ment, elle ressortirait, elle s'accuserait entre
la puissance politique conquise par le nombre
et la condition économique ou sociale du plus
grand nombre. L'autorité sociale de la classe
héréditairement investie du pouvoir politique,

I. Voyez *La Constitution de l'Angleterre*, par FRÉDÉRIC
LE PLAY et ALEXIS DELAIRE, 2 vol. in-18.

de la classe spécifiquement parlementaire, allait s'affaissant et s'affaiblissant. Jadis classe de parlement, elle était, en outre, classe de gouvernement central et classe d'administration locale ; et les trois termes s'enchaînaient : classe de parlement, parce que classe d'administration locale, et classe de gouvernement central, parce que classe de parlement.

Peu à peu la formation de bureaux desservis par des employés rétribués, en enlevant à la *gentry* une partie de ses fonctions traditionnelles, lui enlevait du même coup une part de son autorité sociale, une part de sa puissance politique, une part de sa valeur parlementaire, si bien qu'en dernière analyse, c'était le régime parlementaire lui-même, tel qu'il était issu du milieu social anglais et tel qu'il était conditionné par lui, qui était atteint en elle.

C'en était fait, à l'avenir, du régime parlementaire de l'ancien type, et c'en était fait des anciens partis, comme c'en était fait de l'ancienne société. Premièrement, c'en était fait de sa stabilité ; vainement Paley, Priestley, William Godwin, vainement Bentham et le radicalisme philosophique, l'utilitarisme, allaient chercher l'équivalent, le substitut de cette stabilité due jusqu'alors à la permanence, à la prééminence des « autorités sociales » ; vainement ils le cherchaient maintenant dans un accord, dans une convergence instinctive et irréductible des intérêts particuliers vers l'intérêt public pour le plus grand bonheur du plus grand nombre : le paradoxe n'était que trop apparent, et, s'il est permis de le dire d'esprits aussi éminents, un paradoxe qui par endroits ne laissait pas que de côtoyer l'absurde !

C'en était fait encore de la simplicité classique du régime parlementaire, de la dualité alternante, whigs et tories, tories et whigs, qui était comme la règle de ce noble jeu : jadis, dans l'état de classement rigide des partis en deux grands partis seulement, il était très difficile qu'il se formât des groupements nouveaux : le parti, issu de la classe, image et expression de la classe, était fermé comme la classe. Il était résistant, exclusif et absorbant comme elle. Il se constituait en espèce de monopole. Plus tard, le suffrage généralisé, et presque universalisé, sans acception ni exception de classe, rendrait très aisée et en quelque sorte inévitable la multiplication des groupe-

ments politiques, très malaisée et en quelque
sorte irréalisable leur conversion, leur cohé-
sion en deux grands partis ; il retournerait
ainsi la règle du jeu, et, en la retournant ainsi,
rendrait le jeu parlementaire à peu près in-
jouable.

Mais déjà, par la réforme de 1832, le suffrage politique devenait, — c'est le terme dont
on s'est servi[1] et l'on n'en saurait trouver
un plus juste, — un véritable « droit au por-
teur ». Auparavant, c'était un titre nominatif,
un droit plutôt réel que personnel, attaché
plutôt à la chose qu'à l'homme, et, sans même
tenir compte des considérations de naissance,
« aristocratique » ou « canaille », un droit
foncier, terrien, portant jusqu'en cela l'estam-
pille du passé. La réforme de 1832 le mobili-
sait, et le modernisait en le mobilisant.

A la vérité, cette réforme ne fit pas tout de
suite qu'au moins pour l'administration locale,
les plus riches n'eussent, dans les assemblées
électorales, plus de voix par tête, et un chiffre
de voix croissant en proportion de leurs impo-
sitions. Ce fut, un peu partout, le temps des

1. OSTROGORSKI, I, 41.

systèmes censitaires, et l'on put croire alors
que toute la question de la représentation politique se résoudrait en un problème de mathématique électorale. On n'en était encore qu'à
la phase *bourgeoise*, après la phase féodale ou
seigneuriale, de l'évolution du régime parlementaire ; à la ploutocratie, après l'aristocratie ; à l'argent, après la terre. Période de tran-
sition, et encore une fois de transformation,
où le nouvel ordre de choses se dessine sans
exister, où l'ordre ancien s'efface sans dispa-
raître : la vie sans les raisons et sans les moyens
de vivre.

Quelques années de plus, et il faudra pro-
clamer que l'ancienne société est malade et
que l'ancien parlementarisme s'en va. A ce
moment, en 1846, Robert Peel brise l'unité du
parti tory historique, divisé par le projet pour
l'abrogation des lois sur les céréales en « pro-
tectionnistes » et en « peelistes ». Parallèlement, dans le camp voisin, les whigs aristo-
cratiques, les représentants de la classe moyenne, les radicaux benthamistes, les radicaux de
Manchester, qui s'étaient unis tant bien que
mal pour marcher à l'assaut de la forteresse
tory, retournaient, la forteresse prise, à leurs

préférences de coterie. A droite et à gauche,
« bientôt, sur toute la ligne parlementaire, les
liens traditionnels du parti se relâchèrent ; il
n'y eut plus de discipline, on ne put désormais plus faire fond sur ses partisans »[1].
C'est le premier échec sérieux, et ressemblant
à une défaite, du régime parlementaire classique.

De tous les côtés, on s'en étonne et on s'en
indigne. Croker écrit à Lord Brougham : « Ap-
pelez cela comme vous voudrez : Chambre des
communes intraitable ou pays ingouvernable,
il est hors de conteste que notre système représentatif non seulement risque d'être discrédité,
comme vous le craignez, mais qu'il l'est déjà,
et qu'à chaque session, il deviendra de plus
en plus incompatible avec ce qu'on appelait
jadis notre constitution. » La prédiction n'est
pas démentie par l'événement : on lit dans le
Journal de Greville, pour la session de 1854 :
« Tout le cours de la session et les rapports du
gouvernement avec la Chambre ont présenté
quelque chose de bien différent assurément de
ce qu'on avait jamais vu, de mémoire d'hom-

1. OSTROGORSKI, I, 50.

me d'Etat ; ils ont marqué la rupture complète des liens et des obligations de parti... »
Pour la session de 1855 : « Il n'y a personne
qui reconnaisse des devoirs de fidélité ou du
moins des liens de parti ou qui paraisse tenir
à quelqu'un ou à quelque chose. » — Donc,
plus de discipline. — Pour la session de 1856,
Greville note, après Graham, « qu'il n'y a pas
à la Chambre un seul homme qui ait dix partisans, ni Gladstone, ni Disraeli, ni Palmer-
ston ». — Donc plus de chefs. — Un observa-
teur étranger, envoyé pour étudier les institutions britanniques, et qui devait rapporter
d'Angleterre des conclusions tout autres qu'on
ne les attendait, l'ami de Lassalle et le futur
confident de Bismarck, Lothar Bücher, essayait
une définition des partis, et n'arrivait qu'à
celle-ci, amusante, mais insuffisante : « Un
whig est celui qui descend de la grand'mère
de John Russell ; un tory est celui qui se tient
derrière Disraeli. »[1] Sir John Walsh ne
trouvait guère mieux : « Qu'est-ce qu'un libéral ? » demandait-il. Et il répondait : « Celui

---

1. LOTHAR BÜCHER, *Der Parlamentarismus wie er ist*,
p. 113.

qui ne se rendrait pas à l'invitation de lord Derby de venir à Saint-James Square pour l'entendre. Je ne connais pas d'autre critérium, »[1] Donc, plus de programme. — Mais plus de discipline, plus de chefs, plus de programme. qu'est-ce à dire ? C'est-à-dire : plus de partis : du moins plus de partis de l'ancien type ; et plus de partis de l'ancien type, c'est-à-dire plus de régime parlementaire de l'ancien style.

Cependant, ce ne sont là les conséquences que de la seule réforme de 1832, de la première, de la moins vaste et de la moins hardie des trois, qui ne fit qu'abaisser les barrières et entr'ouvrir les portes. Trente ans et cinquante ans après, par la deuxième et la troisième réformes, par celle de 1867 et par celle de 1884, à mesure que les masses urbaines acquerront une part plus grande du pouvoir politique, l'Angleterre, s'éloignant de l'aristocratie qu'elle était, se rapprochera de la démocratie. Mais en même temps, du même pas, et avec les mêmes étapes, elle s'éloignera du régime parlementaire qu'elle avait conçu, construit,

1. Sir JOHN WALSH, *The practical result of the Reform Act 1832*, p. 85.

et pratiqué durant deux siècles. Elle ne cessera
peut-être pas, du moins elle ne cessera pas
tout de suite, de réaliser ce type de la « monarchie aristo-démocratique » que quelque publiciste, dès la première moitié du xvııᵉ siècle,
présentait à l'Europe comme le type le plus
achevé, complet et parfait, des institutions ou
des constitutions, comme l'idéal du gouvernement mixte, qui est l'idéal du gouvernement ;
mais elle ne le réalisera plus sous la même forme ; les proportions y seront changées et renversées ; la démocratie y gagnera tout ce que
perdra l'aristocratie, et il n'est pas jusqu'au
terme suprême, jusqu'à l'élément souverain,
la monarchie, qui, bien que son prestige se
conserve et peut-être s'accroisse, ne se « désa-
ristocratise » de plus en plus pour, de plus en
plus, se démocratiser.

De plus en plus aussi, bien que ce ne soit
pas comme ailleurs d'une chute précipitée et
par un arrachement brutal, ceux ou les fils de
ceux qu'on avait si longtemps respectés, sinon
aimés, au titre d' « autorités sociales », voyaient
diminuer et s'en aller leur antique influence.
L' « industrialisme », à son tour, après tant
d'autres causes, produisait ses effets et se ré-

percutait vivement de l'ordre économique dans l'ordre politique ; d'autant plus vivement qu'en Angleterre l'industrialisme n'était pas seulement le passage de l'industrie familiale, de la petite ou moyenne industrie à la grande, mais le passage de la vie agricole à la vie industrielle : toute une révolution, toute une rénovation.

Sur les ruines de l'ancienne société et de l'Etat ancien, Thomas Carlyle, Jérémie des âges nouveaux, pleurait et gémissait, en prophéties d'une amère tristesse. Il « déplorait la destruction de l'ancienne foi sociale, ne voyait dans les changements constitutionnels qu'un misérable expédient, et n'attendait de salut que du rétablissement d'un *leadership* social fondé sur la conscience du devoir chez les conducteurs et chez ceux qu'ils conduisaient »[1]. Mais, justement, de moins en moins la fonction électorale chez les uns et la fonction parlementaire chez les autres apparaîtraient comme un devoir public. Chacun ne penserait qu'à soi, chacun dessécherait et flétrirait son cœur dans l'égoïsme, chacun voudrait vivre pour

1. Ostrogorski, I, 59.

son intérêt, et tous périraient, et tout périrait, par la lutte âpre et sans merci des intérêts.

C'était la même plainte et la même crainte qu'exprimait Disraeli, dans son fameux discours du 12 juillet 1839, à propos de la pétition chartiste, quand il s'écriait :

« L'ancienne constitution investissait une petite partie de la nation de droits politiques, mais à condition que cette classe sauvegardât les droits civils des masses. Ce n'était pas seulement pour elle un point d'honneur. La société était ainsi constituée qu'elle était forcée de s'acquitter des devoirs qu'on lui avait imposés : de grands devoirs seuls conféraient une grande situation. Depuis, on a transféré une part considérable de ce pouvoir à une nouvelle classe qu'on n'a pas investie de devoirs publics, et qui n'a pas été rattachée aux grandes masses par l'exercice de devoirs sociaux. Par exemple, l'administration de la justice, le gouvernement des paroisses, la construction des chemins et des ponts, le commandement de la milice et de la police, le soin de procurer de l'ouvrage et de distribuer des secours aux malheureux : autant de grands devoirs généralement imposés jadis à ceux qui exerçaient le pouvoir politique et qui en jouissaient. A présent, on a une classe qui a atteint ce grand objet, convoité par tous les opulents, le pouvoir politique, mais sans subir les conditions attachées à sa possession. Quelles sont les conséquences ? Ceux qui possèdent le pouvoir sans s'acquitter de ses devoirs sont désireux de s'épargner le plus possible de frais et d'ennuis. Ayant obtenu l'objet pour lequel d'autres étaient prêts à faire des sacrifices de leur argent et de leur peine, ils sont désireux de le garder sans préjudice de leur bourse et de leur temps. Pour sauvegarder la première, ils réclament un gouvernement à bon marché, et, pour ménager le second, ils appellent l'intervention quotidienne du gouvernement. »

A cette voix éloquente, la voix d'Apocalypse répondait : « Ah ! nation pécheresse, tonnait Carlyle, peuple chargé d'iniquités ! » La foule des ouvriers, dispersée par le souffle du Machinisme comme par un tourbillon, marche au travail sans savoir ni où elle est ni où elle va. Cependant elle a le besoin et elle a le droit d'être conduite : « Frère malheureux, frère très pauvre et failli, j'ai droit à ton amour si

je t'aime, à ta direction si je t'obéis. » Carlyle
ne se demandait même pas si tous ces frères
malheureux, tous ces frères pauvres et faillis,
« qui sont sans parchemin aucun et dont la
bourse est plate le plus souvent, voudraient
encore être conduits, et, dans le cas où des
frères mieux partagés s'offriraient à les diriger,
s'ils obéiraient encore » à la direction. Quant
à lui, il n'en doutait point ; c'était le sens,
c'était le pli, c'était le cri de l'histoire : « Toutes les commotions populaires, depuis Peterloo
jusqu'à la place de Grève, ne sont qu'une prière
inarticulée : — Conduis-moi, gouverne-moi, je
suis insensé et misérable, et je ne puis me
guider moi-même. » Avant que « le paiement
au comptant fût devenu le seul lien d'homme
à homme », l'aristocratie remplissait naturellement ce devoir de *leadership* social. « C'était
autre chose que de l'argent que les supérieurs
attendaient des inférieurs, et ils ne pouvaient
pas vivre sans l'avoir obtenu. Ce n'était pas
comme acheteur et comme vendeur de la terre
ou de quoi que ce fût que l'inférieur était lié au
supérieur; il lui était lié comme le soldat au capitaine, comme le membre du clan au chef,
comme le sujet loyal au roi conducteur. Avec

le triomphe du *comptant*, un nouveau temps arriva : eh ! bien, il faut qu'une nouvelle aristocratie arrive. »

De même qu'il ne s'est pas demandé si la foule consentirait encore à être guidée, Carlyle ne se demande pas non plus s'il y a encore réellement des « inférieurs » et des « supérieurs » dans un monde qui n'entend parler que d' « égaux », et si la formation d'une nouvelle aristocratie est possible dans un monde qui n'entend parler que « du flot montant de la démocratie ». Il pose pourtant très nettement ce point, qu'il n'est pas question d'une aristocratie « de naissance ou de privilège, mais d'esprit et de cœur » ; et, dans ces termes, il est hors de conteste qu'il n'y aurait, en cette aristocratie nouvelle, rien de proprement antidémocratique ; qu'il ne s'agirait que d'une élite, constamment accessible, constamment changeante, où l'on entrerait et d'où l'on sortirait à chaque génération, ce qui n'est à aucun degré subversif de la démocratie ni destructif de l'égalité. Mais les yeux et les oreilles sont tournés d'un autre côté. Le mirage et le bruit du suffrage les emplissent. « Le suffrage, c'est la panacée du peuple anglais

contre tous les maux, c'est son idée fixe...
Household-suffrage, la question du *ballot* (vote) « ouvert » ou « fermé » (public ou secret) :
tout cela, ce ne sont pas des choses, mais des
ombres de choses, des formules benthamistes,
arides comme le vent d'est. » Et si le *household-suffrage*, et si le suffrage universel, em-
portent les hommes vers une démocratie qui
ne soit pas une démocratie à élite aristocratique, vers une démocratie qui prétende n'être
ni gouvernée, ni dirigée, ni guidée, tant pis
pour ceux qui s'y laisseront emporter, annonce
Carlyle. « On court vers la démocratie, vers
ce qu'on appelle le gouvernement de la multitude par la multitude. Mais la démocratie
est par sa nature une affaire qui se détruit
elle-même (*a self cancelling business*), et,
à la longue, donne comme résultat net —
zéro. »[1]

Telle était, exprimée dans la langue qu'il
était seul à parler, la pensée de Thomas Carlyle ; mais, s'il était seul à parler sa langue,
il n'était cependant pas le seul à avoir pareille
pensée, pareille préoccupation, inquiétude pa-

1. Cité par M. Ostrogorski, I, 59-60.

reille. Les libéraux eux-mêmes, les whigs, « n'étaient pas très éloignés de croire qu'il y aurait du mal à ce que le peuple se mît à étudier la politique »[1]. Et vraiment le mal n'était pas qu'il se mît à l'étudier, mais bien qu'on le mît à la faire, sans qu'il l'eût étudiée, sans qu'il pût l'étudier, sans qu'il eût le loisir, ni l'idée, ni le moyen de l'étudier.

Dans le trouble qui agite alors la société et l'Etat, ce qui ressort avec évidence, c'est que les vieux privilèges sont périmés, que le vieux droit est prescrit, que les vieilles formes sont usées, les formes historiques, traditionnelles, de l'élection et du régime parlementaire ; mais que les formes nouvelles ne sont pas inventées ou arrêtées encore. Le *leadership* politique est fini, après et comme le *leadership* social. L'expédient censitaire est trop précaire, les combinaisons du vote plural seront trop artificielles pour durer. Quand il faudra, sous la poussée croissante de « la canaille » qui ne possède que des biens meubles, qui en possède peu, ou qui ne possède rien, renoncer aux savants calculs de la mathématique électorale,

1. Ostrogorski, I, 78.

, on cherchera, en tâtonnant, d'un autre côté.
John Stuart Mill, à la suite de Thomas Hare,
cherchera du côté de la représentation proportionnelle, demeuré en cela, comme aux jours
de sa jeunesse, utilitaire et benthamiste, et
demandant à la plus juste représentation du
plus grand nombre le secret d'assurer « le plus
grand bonheur du plus grand nombre ». Disraeli, de qui l'imagination fut géniale et comme traversée par des visions, affirmera que la
nouvelle forme du suffrage doit être la représentation non du nombre, mais des forces
sociales ; pour rendre fidèlement l'image du
pays, il préconisera non l'unité, mais, au contraire, la variété des qualifications électorales ;
et peut-être sera-ce encore garder quelque
chose de la représentation de classe, ou laisser
la classe à la base de la représentation, mais
avec cette différence, qui change tout, que
toutes les classes seraient représentées et repré-
senteraient, au lieu d'une seule se représentant
elle-même et les représentant toutes[1] ; ce

1. Voyez l'ouvrage de M. WALTER SICHEL : *Disraeli.
A Study in personality and ideas.* 1 vol. in-8°, Methuen,
1904. Le chapitre 11, *Democracy and Representation*, est
particulièrement intéressant.

qui serait une façon de rendre à la représentation politique, en son origine et en sa fin,
son caractère éminemment social.

Voici, dès cet instant, dans la société, des
cloisons moins étanches, plus pénétrables ;
dans l'Etat, voici des cadres moins rigides, plus
souples. Voici moins de stabilité sociale et politique, plus de mobilité ; moins d'autorité,
plus d'égalité ; moins d'aristocratie, plus de
démocratie. Voici, en somme, une société nouvelle, un nouvel Etat, un nouveau mode de
suffrage. Tout cela peut-il manquer d'entraîner un nouveau mode du régime parlementaire, et, dans ce régime, une nouvelle formation des partis ? Ne seront-ils pas, eux
aussi, plus mobiles, plus souples, plus pénétrables, plus faciles par conséquent à composer
et à décomposer ? La classe représentée et représentative ne les produisant plus spontanément, organiquement, ne faudra-t-il pas les
tirer de la masse indistincte du peuple ? et
comment les en extraire, si ce n'est mécani-
quement ?

Lorsque l'Etat sera décidément fondé sur le
suffrage universel, rien ne se fera plus, rien
ne pourra plus se faire comme dans le régime

parlementaire d'autrefois, selon les anciens rites, d'après les anciennes méthodes, et par les anciens procédés. Renouvelé en son fondement ou en ses fondations, il faudra que le régime se renouvelle tout entier, jusqu'aux moindres détails de son fonctionnement. Autrefois, quand il y avait une classe représentante, une classe représentée, et qu'il n'y en avait qu'une, la force et la distribution de la force étaient les mêmes au dedans et au dehors du Parlement. Avec le suffrage universel, la force est exclusivement au dehors, et l'on n'agit, même à l'intérieur du Parlement, que sous une pression et par une impulsion extérieures. Il faut capter cette force au dehors, l'amener au dedans, la faire passer dans la chaudière parlementaire, l'y transformer en mouvement et en travail. La production législative est naturellement beaucoup plus abondante, beaucoup plus riche, en quantité, sinon en qualité. Tandis que lord John Russell avait pu faire remarquer, en certaine circonstance, à la Chambre des communes, qu'il n'y avait pas un seul acte législatif qu'on pût mettre à l'actif de lord Chatham, le ministre le plus puissant du XVIIIe siècle, en revanche, dans les

vingt années qui suivirent le *Reform bill*, le
Parlement a voté beaucoup plus de lois, et de
lois importantes, que dans les cent vingt années qui avaient précédé ce *bill* de réforme.
L'introduction du suffrage universel dans
l'ordre politique équivaut donc bien à l'introduction de la vapeur dans l'ordre économique : l'une et l'autre ont inauguré le règne
de la machine. Dans l'ordre politique et pour
ce qui touche au régime parlementaire, pour
ce qui fait la vie des partis, de ses trois éléments essentiels : le chef, le programme, la
discipline, ce dernier élément, la discipline,
se change en une sorte d'automatisme, en une
espèce de branle transmis ; le deuxième, le
programme, se réduit à être le plus fort en
étant le plus nombreux ; le troisième enfin,
qui est peut-être le premier et le plus nécessaire, le chef, n'est pas éliminé, aboli, mais
se déplace. Le chef, dorénavant, ce n'est pas
le *leader* officiel, l'orateur, l'homme d'Etat du
parti : c'est tout bonnement le mécanicien,
pour ne pas dire le chauffeur ; et ce chef, tout-
puissant de la puissance de la machine, pour
peu que l'occasion s'y prête, pourra devenir
bien plus que n'était le chef au temps du

leadership, plus qu'un maître, le maître, le
« prince » de la démocratie. — Nous allons
essayer de tracer le plan de la machine et
d'esquisser le portrait du mécanicien.

L'ART DE CAPTER LE SUFFRAGE

LA MACHINE

Je me suis attaché précédemment à montrer comment l'introduction du suffrage universel dans l'ordre politique est un phénomène comparable à l'introduction de la vapeur dans l'ordre économique ; quelles transformations elle a déterminées dans le régime parlementaire et notamment dans la vie des partis ; que l'extension de plus en plus grande du droit de vote a eu pour conséquence nécessaire l'invention et la construction d'une machine électorale de plus en plus compliquée, et devenue à la longue si puissante qu'elle meut tout, qu'elle peut tout, qu'elle fait tout, et que le mécanicien qui la dirige est en vérité le maître, le « prince » des démocraties modernes fondées sur le nombre. Je voudrais maintenant, en démontant cette machine, montrer quel est l'arrangement de ses ressorts, à quoi tient sa force, les « qualités » qu'elle exige du mécanicien, ou, si l'on ne veut pas mêler ici un élément moral qui n'y serait peut-être pas très bien à sa place, à quelles conditions elle lui obéit et donne entre ses mains le maximum de rendement ; comment enfin, fabriquant, sous l'impulsion directe de ce mécanicien, et, pour ainsi dire, à sa volonté, de la législation et du gouvernement, elle fait de lui, du premier venu qui s'en saisit, qui a du coup d'œil et de la poigne, le chef effectif du parti, le maître réel de l'Etat, et, — en nous défendant humblement de vouloir rééditer à l'usage des temps nouveaux l'immortel *Libro del Principe*, ne retirons pas le mot, mais, au contraire, répétons-le, — le « prince » de nos modernes, tout électives et tout électorales démocraties, le parfait démagogue, cette espèce de « surhomme » que sa propre audace impose à la foule passive et imitatrice des hommes.

I

En Angleterre, avant la réforme de 1832, la
mécanique était extrêmement simple. Les associations politiques, ou s'occupant d'objets
plus ou moins politiques, n'y étaient pas tout
à fait inconnues ; mais il y en avait peu, et
elles s'agitaient peu. La première forme, im-
précise et rudimentaire encore, de l'association politique semble avoir été le *club*, qu'on
vit apparaître pour la première fois avec le
« café », vers 1650. De bonne heure, le *coffee
house* devint un lieu de rendez-vous et de con-
versation politique. On fit même mieux, —
ou plus, — que d'y causer. Ainsi, dès 1659,
dans un des cafés, récemment créés, les habitués, « des républicains avides de libre discussion, se livraient à des débats politiques en
règle suivis de votes au scrutin ». L'auteur
de l'*Oceana*, Harrington, y fréquentait assidû-
ment, et l'on a supposé que le nom pris par
la réunion, la *Rota*, pourrait venir du système
qu'il préconisait, — et que nous retrouverons
ailleurs, — de la « rotation » dans les emplois.
Si d'autres applications du même mot, et

notamment un illustre exemple, la *Sacra Rota
Romana*, rendent cette étymologie douteuse ;
si, peut-être, la *Rota* d'Harrington n'était tout
bonnement qu'un « cercle », quelque divan
où l'on s'asseyait en rond, et si la rotation
dans les emplois n'a pas grand'chose à faire
en tout cela, il n'importe : ce fut là le premier, ou l'un des premiers spécimens de cette
première forme d'association politique, le
club.

Ni celui-ci, du reste, ni ceux des Jacobites,
les *Rump clubs*, ni ceux des whigs, les *Calf's
Head clubs*, n'eurent une longue vie. Ils végé-
tèrent, étiolés, jusqu'au beaux jours de la
reine Anne, au commencement du xviiiᵉ siècle,
qui en firent éclore une floraison. On y man-
geait bien, on y buvait frais, on y parlait fort.
À mesure que se dessinèrent et se cristalli-
sèrent les partis dans le Parlement, les *clubs*,
eux aussi, furent d'un des deux partis parlementaires, libéraux ou conservateurs : tel café
fut *whig*, et tel autre *tory*. Une taverne abritait
l'opposition ; sa voisine et sa concurrente ne
recevait que les ministériels. Ainsi, dans Saint-
James Street, le fameux cabaret de l'*Arbre à
cacao*, où les tories, en l'honneur du Cabinet,

s'offraient mutuellement des agapes dont l'historien Gibbon, chaud ministériel en ce temps-là, nous a laissé la peu édifiante description. Mais, tel quel et plutôt campé que logé, non pas même en garni, au cabaret et, comme dirait l'argot parisien, « sur le zinc », ce n'était pas encore le club *marchand* et *bourgeois*, où un homme bien posé se rend ostensiblement, après ses affaires, pour se poser mieux encore, le club cossu et sérieux, ayant pignon sur rue, du gros commerçant de la Cité « ayant sur le parvis boutique » ; on y était admis sans être ballotté, presque sans être présenté, sans payer de cotisation ; s'il faut l'avouer, il y avait dans cette politique d'estaminet, dans cette vie politique à l'estaminet, quelque pointe de « bohème », et comme le piment d'une demi-débauche : cela manquait à la fois de confort et de respectabilité, et cela n'était par conséquent qu'imparfaitement et insuffisamment anglais.

Les véritables clubs, qui, eux, sont tout à fait anglais, les clubs richement installés dans leurs immeubles et dans leurs meubles, dont la porte sévèrement gardée ne s'ouvre que sur présentation personnelle, sur admission for-

melle, et moyennant une grosse cotisation,
les clubs de haut ton et de grand style politique et social, ne datent que du XIXe siècle :
le *Carlton club* tory, de 1831 ; le *Reform club*
whig, de 1836. Ils furent vite ce que l'on voulait qu'ils fussent : des centres non seulement
de réunion amicale ou mondaine, mais de ralliement et d'action électorale. « Les membres
du Parlement, de l'une et de l'autre Chambre,
depuis les *leaders* jusqu'aux membres les plus
obscurs, se retrouvaient au *Carlton*, s'y con-
certaient, donnaient ou recevaient le mot d'ordre. Les *leaders* locaux, les notables de province, qui venaient à Londres et qui voulaient
voir les grands hommes du parti, étaient sûrs
de les trouver au *Carlton*, et là ils pouvaient
les approcher sur le pied d'égalité ou même
d'intimité. Les relations qui naissaient ainsi et
les influences qui en résultaient rattachaient
les circonscriptions électorales au *Carlton*
d'une manière d'autant plus forte que le lien
était invisible. » Ainsi également du cercle
libéral, le *Reform*. « Dans l'un et dans l'autre
club, les fils étaient tenus par les *whips* des
partis. Là, ils avaient sous la main tout leur
troupeau parlementaire, et, de là aussi, ils

pouvaient travailler la province... Les aspirants aux honneurs parlementaires faisaient généralement partie du *Carlton* ou du *Reform club*, et les *whips* (littéralement les *fouets* : peut-être ne saurait-on mieux traduire que par « sergents recruteurs » ou « fourriers » ; en prenant la hiérarchie plus haut, si le *leader* est le généralissime, le *whip* est le chef d'état-major, spécialement chargé de la mobilisation), les *whips* donc les connaissaient tous, leurs ambitions de même que leurs ressources. Les gens de province qui manquaient de candidats pouvaient les embaucher à Londres, dans les clubs, par l'entremise des whips. »[1] A côté du whip, ou au-dessous, en permanence au club, était placé « l'agent général du parti », en correspondance continuelle avec des « agents » répartis dans tout le royaume. Personnage important, qui seul ou presque seul était censé connaître à chaque instant l'état de l'opinion et sans l'avis duquel un premier ministre n'eût jamais osé courir le risque d'une dissolution du Parlement ; véritable oracle, dont les moindres paroles étaient, aux

1. OSTROGORSKI, *La Démocratie et l'organisation des partis politiques*, I, 135.

heures de crise, attendues comme des révéla-
tions.

Avec le *whip* et « l'agent général », le *Carlton club* et le *Reform club* étaient, on le voit,
plus que des « cercles » ordinaires ; par les
facilités de vie et de société qu'ils offraient à
leurs membres, ils étaient, d'autre part, plus
que de simples « bureaux » ; il y avait à la
fois plus d'autorité et plus de liberté : on y
était à la fois dans le camp de son parti et
chez soi. Mais le club, malgré ses avantages,
n'était pas la forme parfaite de l'association
politique ; il était loin d'en être la forme la
plus développée : aristocratique par essence,
ou bourgeois, ce qui est encore une aristocratie, et fermé par définition, parlementaire et
censitaire, il en devait être une forme insuffisante au fur et à mesure que le suffrage étendu
atteindrait des couches du peuple plus 'profondes et plus larges. Alors, il faudrait autre
chose, et ce quelque chose apparaît déjà, à
l'état embryonnaire, aux alentours de 1830.

C'est l'association politique proprement dite.
On ne l'ignorait pas absolument avant cette
date de 1830 ; et, par exemple, dès 1769, à
la suite de l'invalidation répétée du journaliste

et pamphlétaire Wilkes, s'était constituée la
Société pour soutenir le bill des droits, qui
était bien, par son objet même, une association politique. On ne cherchait guère à le
dissimuler : « La conjoncture sembla favorable, écrit dans ses *Mémoires* l'un des principaux promoteurs de la Société, Horne Tooke,
pour organiser un genre d'opposition aussi
nouveau que redoutable et pour concentrer,
au moyen d'associations politiques, les mécon-
tentements jusqu'alors méprisés et l'influence
d'un nombre d'individus isolés, en une masse
formidable qui, sans être chargée des formes
et des entraves d'un corps politique, produirait
toute l'ardeur, le zèle et l'effet d'une grande
collectivité. » [1] Mais, quoique, dans l'intervalle, on eût vu naître, avec une autre association, la *Constitutional Society*, démembrée
de la première, des comités de correspondance,
fondés, à l'imitation des colonies américaines,
pour provoquer et présenter des pétitions ;
quoique, dans presque tous les villages, vers
la fin de la guerre contre Napoléon, l'on eût
vu pulluler des *Hampden clubs*, des *Spenceans
clubs*, indices plus ou moins frappants d'une

[1]. OSTROGORSKI, I, 109.

organisation plus ou moins secrète, ce n'est pourtant qu'en 1830, à Birmingham, que fut scellée l'*Union politique entre les classes inférieures et moyennes du peuple*, dans le dessein de favoriser « le déploiement pacifique d'un immense pouvoir moral organisé, qui ne pourrait pas être dédaigné ou méconnu ».

Bientôt les villes les plus considérables du royaume tinrent à honneur de copier Birmingham, et de l'*Union politique* essaimèrent un grand nombre de filiales qui, à leur tour, se réunirent en une fédération, l'*Union politique nationale*, avec un « Conseil politique » siégeant à Londres. Le gouvernement sentit le danger, et qu'il y avait là un symptôme et une menace de déplacement, de glissement du pouvoir : une proclamation royale du 22 novembre 1831 déclara « illégales et anticonstitutionnelles les associations politiques composées de branches distinctes, avec des divisions et subdivisions, sous des chefs de rang et d'autorité gradués, et soumises à la direction d'un comité et d'un conseil supérieurs ». Sous le coup, les Unions se terrèrent, mais n'en poursuivirent pas moins, parallèlement et sans affiliation, une agitation sourde, quelquefois même

bruyante. Leur but, peu à peu, se dégageait
et se précisait : elles travaillaient à organiser
en droit positif, en pouvoir légal, en droit et
en pouvoir de suffrage, cet « immense pouvoir moral » qui ne devait plus être « dédaigné ou méconnu ».

La réforme faite, le *Reform act* promulgué,
les classes moyennes, considérant qu'elles
avaient cause gagnée, abandonnèrent les
« Unions », mais les masses populaires lais-
sées en dehors de la *franchise*, privées encore
du droit de vote, estimèrent bon pour elles-
mêmes le moyen qui avait réussi à d'autres
et remplacèrent les anciennes Unions par des
associations analogues. Du sol britannique, et
surtout de Birmingham, qui en fut toujours
comme la terre sacrée, surgirent en foule, —
jusqu'à ce que, par la nouvelle Réforme de
1867, une nouvelle partie fût gagnée encore, —
des *Household Suffrage Societies*, des *Com-
plete Suffrage Societies*, des *Reform Associations*, etc... Le mouvement « chartiste », dou-
blant d'un mouvement social le mouvement
politique, doubla aussi et multiplia par là
même les associations, principalement composées de « bourgeois », y ajouta d'abord la

Workingmen's Association, puis, vers 1840, la *National Charter Association*, de Manchester, à laquelle se rattachaient plus de quatre cents groupements. D'autre part, et en face de ces associations qui se disaient *réformistes*, dans l'ordre politique ou dans l'ordre social, et que quelques-uns se retenaient à peine de dire révolutionnaires, se dressaient d'avance ou se dressèrent par la suite des associations conservatrices, on serait tenté de dire *conformistes*, puisque lord Georges Gordon avait formé, dès 1778, en désapprobation d'un bill du Parlement qui accordait quelque tolérance aux catholiques, une fédération des associations protestantes : à quoi correspondaient, en Irlande, les *Loges orangistes*, et à quoi vint répondre plus tard (1823), en Irlande même, l'*Association catholique*, pour la revendication énergique des droits de la nation et de la religion. Associations « conservatrices » aussi, et telle ou telle par des procédés étranges, comme la *Société pour la protection de la liberté et de la propriété contre les républicains et les niveleurs*, qui, empruntant au Jacobinisme, vers 1793, ses armes favorites, l'espionnage et la délation, prenait sur elle d' « aider le gouver-

nement à découvrir et à punir les écrits et les
propos séditieux » ; mais le type en demeure
l'*Association constitutionnelle*, ou plutôt les
Associations constitutionnelles, qui, vers 1820
et après, se donnèrent justement pour objet
déclaré de combattre cette extension de la
« franchise » électorale que les Associations
rivales se donnaient pour objet de conquérir.
La plus puissante peut-être de toutes les Associations, au moins si l'on en juge par le
résultat obtenu, fut l'*Anti-Corn-Law League*
de Cobden et de Robert Peel ; « à l'encontre,
dit M. Ostrogorski, — il vaudrait sans doute
mieux dire : à la différence, — de l'Association
catholique et des Unions politiques, elle fit
capituler les pouvoirs devant une organisation
extra-constitutionnelle, par la seule force de
l'opinion qu'elle entraînait à sa suite. »

Cependant, « aucune de ces organisations
extra-constitutionnelles (toutes ces Unions,
toutes ces Associations) ne tendait à devenir
jamais un pouvoir régulier dans l'Etat ; leur
intervention était considérée comme excep-
tionnelle et comme imposée par les circonstances ; leur agitation était dirigée moins contre l'économie établie du gouvernement repré-

sentatif que contre les partis égoïstes qui l'avaient accaparée ». C'est ce cadre étroit et rigide des partis, c'est ce régime des partis, et des partis de classe, historiquement fixés et figés, c'est cela que l'on veut briser. Mais, par un contre-coup auquel il fallait s'attendre, les partis politiques, les partis permanents, « visés par les organisations extra-constitutionnelles qui poursuivaient des réformes », allaient avoir eux-mêmes « recours à l'organisation extra-parlementaire ». Avant 1832, ils n'avaient pas d'organisation en dehors du Parlement, et ils n'en avaient pas besoin » ; à partir de 1832, « les influences territoriales » et «"la corruption des électeurs » ne suffiraient plus à leur fournir leurs contingents[1] ; les anciens programmes ne suffiraient plus à les entraîner, l'ancienne discipline à les retenir, l'ancien chef à les commander : c'est bien la transformation de l'ancien parti ; elle s'opère exactement à l'heure de la première extension du droit de suffrage ; et la coïncidence est si parfaite qu'il semble que ce soit plus qu'une coïncidence entre les deux faits, qu'il y ait, de l'un à l'autre, une conséquence.

1. OSTROGORSKI, *ouvrage cité*, I, 120-125.

II

Cette coïncidence va jusqu'au point que les
associations politiques qui se fondent, soit en
1832, — l'année même de la réforme, — soit
immédiatement après 1832, sont les *Registration Societies*, qui ont pour but, tout d'abord,
la vérification des listes électorales, l'inscription sur ces listes, et pour cri de ralliement :
Register ! register ! que l'on peut traduire
par : « La liste ! la liste ! » De 1832 à la
deuxième réforme, — celle de 1867, — les
Registration Societies se reproduisent et se ra-
mifient, jusqu'à leur plein épanouissement
dans la *Liberal Registration Association*, créée
en 1861 par le futur vicomte Hampden, le
whip libéral Brand. La *Liberal Registration
Association* provoque partout dans le Royau-
me-Uni la formation de nombreuses *Registration Societies* plus petites, d'associations locales pour lesquelles elle est l'Association mère,
l'Association centrale ; mais elle ne se borne
pas à l'établissement des listes ; elle assure le
vote des *outvoters*, des électeurs non résidents,
les faisant venir au besoin à ses frais ; elle

choisit le candidat, ou participe par son investiture au choix qu'en apparence elle en a laissé aux sociétés directement intéressées ; en un mot, elle fournit aux *workers*, aux « travailleurs », qui se mettront à l'œuvre quand la campagne commencera, toute la matière première de l'élection.

Elle la leur fournit déjà triturée, déjà préparée, par le comité plénier, par les comités de quartier, par les *canvassers* ou visiteurs qui vont de porte en porte relever les courages, abattre les résistances, réchauffer les bonnes volontés, refroidir les mauvaises, gagner ce qui peut être gagné, neutraliser ce qui est irréconciliable. L'Association conservatrice centrale, instituée pour faire pendant ou plutôt contrepoids à la *Liberal Association*, est bâtie sur le même plan : le registre électoral, la liste, est également sa préoccupation dominante, et elle le marque en prenant au début pour siège une étude de *sollicitor*, à cause de la procédure à suivre pour obtenir radiation ou inscription selon le cas. Mais, elle non plus, tout en criant : *Register ! register !* elle ne se borne pas à la seule vérification de la liste ; elle aussi, elle est, dans un sens plus large, une

véritable organisation électorale ; et en elle,
autant qu'en la *Liberal Association*, se réalise,
d'après les enquêtes parlementaires, de 1860
à 1870, l'organisation électorale modèle.

Quant à l'organisation des partis, plus proprement dite, elle est restée ce qu'elle était :
le *leader*, le *whip*, un agent général, avec,
au-dessous de lui, des agents gratuits ou rétribués, bénévoles ou cupides, et même, alors,
capables, comme d'autres ailleurs, de « comptes fantastiques » ; exemple, celui qui portait
sur la note de ses dépenses : *moral anxiety*,
500 livres ; 12.500 francs de souci ! Mais, telle
quelle, ce n'était pas une mécanique très compliquée ; elle était, au contraire, très simple ;
et il en fut ainsi jusqu'à l'entrée en scène de
M. Joseph Chamberlain, comme maire de Birmingham, en 1873.

Durant les six années qui s'étaient écoulées
depuis la réforme électorale de 1867, les associations politiques avaient pris de la force, à
Birmingham même, terre prédestinée, dans et
par la lutte que John Bright, au nom de la
« démocratie radicale », venait de mener
contre la représentation des minorités. Cette
force accrue et exercée, M. Chamberlain la

recueillit, en quelque sorte, la concentra, la condensa dans l'*Association libérale*, rajeunie avec l'aide d'un *wire-puller* fameux, d'un homme passé maître en l'art de « tirer les ficelles », et qui n'était autre que le secrétaire de cette Association, M. Schnadhorst. En tête du programme figurait toujours, comme article fondamental, la revision des listes : plus que jamais le « registre » et la « registration », si l'on ose le dire, ou l' « enregistrement », et même l'*Association libérale* devait porter ce travail à un degré de perfection rare. On garderait précieusement les *canvassers*, visiteurs ou reviseurs, à qui leur tournées permettraient de prendre contact avec l'électeur et de faire en temps utile des prévisions et des pointages ; mais on ne s'en tiendrait pas là : on diviserait la ville en quartiers et les quartiers en îlots ; à chacun de ces îlots on préposerait un « capitaine », cependant qu'au sommet de sa hiérarchie, l'Association se donnerait comme un procureur général, un *objector general*, dont la fonction serait d'examiner de tout près la liste électorale, d'en fermer autant que possible l'accès aux adversaires, de le rendre autant que possible large et facile aux amis : le capi-

taine de l'îlot guiderait les reviseurs, et les
reviseurs renseigneraient le procureur de l'Association, qui requerrait.

A sa base, l'Association libérale reposait sur
le peuple, sans exception et sans restriction,
sur tous les habitants de la ville, même non
électeurs. Il y avait, en principe, une cotisation d'un *shilling*, mais elle n'était pas rigoureusement exigée, et il suffisait, pour s'en
dispenser, de « signifier son adhésion aux
objets et à l'organisation de l'Association ».
Tous les adhérents, réunis en un meeting public, nommaient ensuite, par quartier, un
comité composé d'un nombre indéterminé de
membres. C'était le premier degré. Le deuxième était le *Comité exécutif central*, ayant qualité pour la ville tout entière, et où entraient
de par leurs fonctions les présidents et les
secrétaires des comités de quartier, auxquels
on adjoignait trois délégués par quartier élus
spécialement à cet effet, toujours en meeting
public. Seize quartiers à cinq délégués ; soit
8o membres, qui pouvaient s'en adjoindre
eux-mêmes encore 3o : au total, 11o. Les Cent
Dix formaient le pouvoir exécutif de l'Association, et ils participaient en outre aux délibé-

rations de son pouvoir législatif, le *Comité général*, composé premièrement d'eux-mêmes et deuxièmement de 480 membres, 30 par quartier, élus dans la forme ordinaire, c'est-à-dire en réunion plénière. Troisième et suprême degré : cette Assemblée délibérante et quasi législative, le Comité général, nommait un bureau composé de quatre personnes ; de son côté, le Comité exécutif des Cent Dix désignait sept de ses membres, et l'on formait ainsi le *Sous-comité directeur* des Onze.

Cette combinaison, donnons-lui son nom, cette oligarchie de 594 personnes (110 membres du Comité exécutif central, 480 membres de l'Assemblée délibérante, et les 4 membres du bureau comptés comme surnuméraires), est devenue populaire, dit M. Ostrogorski[1], sous le nom des *Six Cents*. « C'était en eux que la démocratie de Birmingham était censée s'incarner. On déclarait remettre en leurs mains la direction du parti libéral, parce qu'on avait confiance dans le peuple. En fait, la confiance ne fut pas si illimitée qu'on voulait le faire croire. Déjà la savante constitution de l'Association contenait quelques mesures de

1. *Ouvrage cité*, I, 155.

précaution contre « le peuple ». Les pouvoirs
constitués de l'Association n'émanaient pas
directement de lui. Les *Six Cents* nommaient
seulement 4 membres sur 11 du Comité directeur ; les deux tiers de celui-ci étaient nommés
par le Comité exécutif, qui était lui-même un
corps en partie cooptatif. En effet, 3o de ses
membres étaient choisis par les 80 membres
élus, et, parmi ces derniers, deux cinquièmes
tenaient leur nomination des comités de quartier où les membres cooptés étaient en nombre
illimité. Certes, si les Assemblées de quartiers,
qui se trouvaient à la base de l'organisation,
eussent nommé des délégués d'une indépendance farouche, tout dessein de les manier d'en
haut aurait échoué. L'habileté des organisa-
teurs en chef fut précisément de se rendre
maîtres des Assemblées de quartiers et de leur
faire élire des délégués sur lesquels ils pouvaient compter. »

A bien y regarder, c'est donc la captation
de la force populaire, par une poignée de
meneurs, au moyen d'un Comité central et de
comités de quartier, qui n'ont que l'apparence de la délégation populaire et ne sont par
conséquent qu'une apparence du peuple.

Mais ces meneurs sont eux-mêmes menés. Dans le cas, que nous examinons, de l'Association libérale de Birmingham, c'est le « tireur de ficelles », M. Schnadhorst, et le tireur de ficelles de ce tireur de ficelles, son patron, son impresario, l'entrepreneur du spectacle et l'auteur de la pièce, M. Chamberlain, qui sont les vrais meneurs ; et ce cas vaut pour tous les autres. Cependant, la force captée, il faut d'abord la discipliner, et l'on n'y réussit que par l'obéissance passive. On transpose, de la famille ou de la caste au comité formé en clan politique, l'ancienne maxime de lord Monmouth : « Non, Monsieur, vous voterez avec nous, avec les vôtres » ; maintenant on dit : « Votez comme on vous l'indique » ; mais c'est la même chose qu'on dit, et on ne la dit pas moins impérieusement.

D'autre part, s'il est nécessaire de discipliner la force afin de n'en laisser rien perdre, il l'est tout autant de l'augmenter, puisqu'une force qui ne s'accroît pas s'use par là même ; or, la seule manière d'augmenter une force d'opinion, c'est la propagande. Propagande acharnée, du reste, et parfois furieuse ; obstinée à suivre les voies de droit, et hardie à se

jeter au besoin dans les chemins de traverse,
pourvu qu'ils conduisent au but ; respectueuse
de la légalité tant qu'elle le peut, médiocrement scrupuleuse dès qu'elle y gagne, réglée
surtout par et pour le succès ; prompte à emprunter, quand il dépend de son initiative,
tous les procédés connus et à en inventer d'in-
connus jusqu'alors. Mettre les électeurs en
contact entre eux ; une fois qu'ils y sont et
une fois qu'on y est, les y maintenir, s'y maintenir ; la masse dressée, l'agiter, la remuer ;
faire passer au travers l'étincelle, la vibration,
la secousse : à tout instant, si grande et si
pesante qu'elle soit, l'avoir, comme on dit,
« dans la main » et, au bon moment, la lancer
toute d'un seul effort, d'un seul élan ; c'est
le comble de l'art et le comble des vœux du
moderne démagogue, dont M. J. Chamberlain
fut un bel exemplaire.

Pour prendre et maintenir le contact, il a
les réunions fréquentes, partielles et plénières,
des comités de quartier et du Comité central ;
pour stimuler et entretenir le zèle, il a les publications de tout genre et de tout format : la
brochure, la feuille volante ou *leaflet*, l'image
que savent lire même les illettrés ; pour soute-

15

nir et exalter la foi, il a ses fanatiques, prêts
à foncer, physiquement et matériellement, du
poing et du pied, sur les adversaires. Si ses
réunions ne le satisfont qu'à demi, il envahit
et disperse celles des autres ; s'il convoque
inutilement des électeurs mous ou récalcitrants, qui ne se dérangent pas, il se dérange ;
dans l'obligation qu'il s'est faite de répandre
le Coran de son parti, si la montagne ne vient
pas à lui, il va à la montagne ; il a sa troupe
de *lecturers*, conférenciers et missionnaires ;
il a ses compagnies ambulantes, ses *travelling
societies*, et son chariot roulant, son *travelling
van*, accessoire nouveau de la prédication politique que nous vîmes un jour apparaître, avec
le général Mac-Adaras, sur les routes de poussière et de soleil de notre Midi : l'Illustre
Plate-Forme, après l'Illustre Théâtre !

Tel était « le plan » de Birmingham, partout
colporté par M. Chamberlain, M. Schnadhorst
et leurs auxiliaires ; et partout, à l'imitation
des *Six Cents* de Birmingham, se fondèrent des
« Centaines » : des *Deux Cents*, des *Trois
Cents*, des *Quatre Cents*, selon l'importance de
la ville. Lorsqu'il y en eut à peu près partout
où il pouvait y en avoir, il arriva ce qui devait

arriver ; les Associations libérales, ainsi foisonnant, furent instinctivement, invinciblement poussées à se rejoindre, à se grouper, à se souder en une Fédération ; toutes ces « Centaines » locales, à s'additionner en un Millier ou un Million national. Puis, l'organe appelant la fonction, comme il y aurait une *Fédération nationale des Associations libérales*, désormais aussi il y aurait une Convention nationale du parti, qui serait un Parlement libre et libéral; — entendez le Parlement libre du Parti libéral, — « en dehors de la législature impériale », en face du Parlement traditionnel et constitutionnel, qui s'opposerait à lui et s'imposerait à lui, parce qu'il serait élu, non pas, comme lui, par un suffrage restreint, mais par le suffrage universel[1]. Une fois encore l'extension du suffrage et la construction de la mécanique du parti se montraient liées l'une à l'autre, sortant l'une de l'autre ; et, cette fois, l'organisation-type du parti voué à une action tout ensemble parlementaire et extra-parlementaire allait être trouvée (qu'on se rappelle ce qui vient d'être

1. Conférence de Birmingham, 31 mai 1877. Discours de M. Joseph Chamberlain.

dit de l'Association libérale de Birmingham) : assemblée générale, comité général, comité exécutif, avec un *Publication department*, un « département des publications » pour la propagande, et des « assises nationales », un congrès annuel, pour le programme ; comme personnel, choix idéal, un secrétaire payé, habile et travailleur, un secrétaire honoraire, intelligent et énergique, un président influent et riche.

Mais tout cela, toute cette organisation de parti, plaçait le parti, par la main des Six Cents, dans la main des Onze et des Trois, et de l'Un, qui pouvait être, comme autrefois, le chef parlementaire, mais qui pouvait très bien aussi être un autre que le chef parlementaire. Et comme l'Association, — que dit-on ? la Fédération des Associations, — n'entendait pas demeurer confinée dans l'action électorale, ni s'interdire l'action plus spécifiquement politique, la direction constante et quotidienne des affaires publiques ; comme elle prétendait, au contraire, désigner et investir les chefs, dicter le programme, substituer sa discipline à la discipline ancienne, c'était, en même temps qu'une conception nouvelle du parti, qu'une construction nouvelle de la mécanique du parti, un aménagement nouveau du régime parlementaire, et peut-être un régime en réalité nouveau chassant un régime qui n'était plus parlementaire que de nom, puisque le chef pouvait être hors du Parlement, le programme arrêté et la discipline imposée du dehors au dedans, le parti plus agissant et plus puissant au dehors qu'au dedans ; que toutes choses étaient donc renversées, retournées ; et qu'en un mot, — le mot que nous avons déjà employé, — la force, à présent, était au dehors.

III

A quel point les choses étaient retournées, on devait s'en apercevoir mieux encore quand, après la Conférence de 1877, d'où sortit la Fédération des Associations libérales, et en attendant que d'un seul coup il se séparât d'elle, et du parti libéral, et de M. Gladstone, sur la question du *home rule* irlandais, en 1886, M. Chamberlain aurait affermi, jusqu'à en faire ce qu'on a appelé le *Caucus* de Birmingham, le dessin de la machine qu'il avait imaginée. Il en reprit un à un et en consolida les principaux rouages : la section de vote, décomposable par rues, elles-mêmes décomposables en îlots de maisons ; porte grande ouverte du four où venaient, sans autre condition que d'adhérer au parti, s'engouffrer tous ceux qui voulaient, et le plus possible ; au-dessus, l'association du quartier ou de la circonscription élue par tous les membres des sections ; au-dessus encore, le Comité exécutif central, élu à son tour par les associations des quartiers ; au-dessus enfin, le Comité général, — la Centaine, — composé de délégués de tous les quartiers ainsi que des présidents et secrétaires des comités de quartier ; tout à fait au sommet, dans la gloire, le Sous-Comité directeur, les Onze, et, dans l'ombre, l'Unique. Entre l'Unique et les Onze, entre l'ombre et la gloire, dans la discrétion propice du demi-jour, l'âme de la machine, le secrétaire général, nommé par le Comité et travaillant sous son inspiration. Ce qu'il est pour le corps entier de l'Association, le secrétaire de quartier l'est pour chacune des fractions qui la composent : ordinairement artisan ou petit employé, il est censé élu par la réunion de quartier, et il l'est, en effet, dans la forme ; mais, au fond, il est « suggéré » à la réunion par le Comité directeur ; ce n'est qu'un fil de plus à l'un des doigts du « tireur de ficelles ». Pourtant, secrétaire général et secrétaires de quartier, reliés celui-là à ceux-ci, sont ici comme un appareil de circulation, par où, du dehors au dedans, et du dedans au dehors, de bas en haut et de haut en bas, court la force et coule la vie.

Mais cette vie, comme toute vie, entraîne ses misères, et, comme toute force, cette force engendre ses servitudes. Ici, la servitude est réciproque : du dehors au dedans, et du dedans au dehors, de bas en haut et de haut en bas : double chaîne. L'électeur appartient servilement au comité ; mais le député, qui se croit son maître, ne lui appartient guère moins : à l'un et à l'autre, la voix tranchante des Onze ou le chœur grondant des Six Cents signifie brutalement : « Votez comme on vous le dit ! Si vous ne le faites pas, nous cassons le fil, et vous tombez à plat, pauvre pantin que vous êtes ! » C'est ainsi que l'omnipotence tyrannique des comités, là où l'association politique devient envahissante, — et il est de sa nature

de le devenir, on ne lui fait que difficilement
sa part, — déforme et fausse le régime représentatif, le mine, le vide, n'en laisse que la
façade ou l'enveloppe. Et c'est ainsi que le
Caucus a rongé, en Angleterre même, le régime parlementaire. Il n'est pour ainsi dire
pas un homme, quels que soient son talent
et ses services, qui puisse se vanter d'échapper
à ses tentatives, — un peu plus, j'écrivais : à
ses tentacules. L'homme politique, saisi et
ligoté par le Caucus, doit alors se résoudre
à l'un de ces trois partis : ou se soumettre au
Comité, ou le briser, ou se laisser briser par
lui. On en sait d'illustres exemples : il y en
a deux qui disent tout, celui de W. E. Forster
à Bradford et celui de Joseph Cowen à Newcastle.

« Forster représentait Bradford au Parlement depuis déjà dix-huit ans. Porté à la
Chambre par sa notoriété locale, il s'y fit en
peu de temps une grande place, et passa bientôt au premier rang des hommes d'Etat du
parti libéral. L'éclat de sa carrière politique,
rejaillissant sur la ville qu'il représentait, for-
tifia les sentiments de dévouement et d'affection qui l'unissaient du premier jour à ses

électeurs. Mais, depuis quelque temps, une
petite fraction du corps électoral, animée de
passions religieuses, avait voué à Forster une
haine implacable. Elle ne lui pardonnait pas
le rôle qu'il avait joué, comme ministre de
l'Instruction publique du premier cabinet
Gladstone (1868-1874), dans la création d'un
système d'enseignement populaire. » Néanmoins, après la retraite de Gladstone, Forster
restait, à côté du nouveau chef du parti, lord
Hartington, « l'homme d'Etat le plus mar-
quant du parti libéral ».

Sur ces entrefaites, Bradford se donna un
caucus à l'instar de Birmingham, et ses Trois
Cents « incorporèrent, en 1878, dans les statuts
de leur association toute la doctrine, écrite et
non écrite », de la Mecque anglaise où venait
de se révéler l'islamisme politique de M. Chamberlain. Le § 15 de ces statuts portait que : « il
serait exigé de quiconque proposait un candidat pour représenter la ville au Parlement
qu'il assurât au comité général de l'Association, — aux Trois Cents, — après en avoir
obtenu le consentement dudit candidat, — que
celui-ci se soumettrait aux décisions de l'Association. » Naturellement, W. E. Forster com-

mença par s'y refuser : « Je ne peux pas, répondit-il, reconnaître une règle qui, ne fût-ce qu'en théorie, permet à une Association de s'interposer entre moi et un collège électoral que je représente depuis si longtemps. Je suis député pour la ville, et je ne peux pas considérer comme correct de me faire le mandataire ou le délégué d'une organisation quelconque existant dans la circonscription, si importante soit-elle et si complet que soit mon accord avec elle sur les questions politiques. »

Les Trois Cents ne furent point embarrassés de ce scrupule, pourtant si légitime, et à ce raisonnement, si bien fondé en logique et en droit, leur président répliqua en leur nom « qu'en face d'un candidat qui se permettait d'ignorer ou de contrecarrer les décisions du parti pour suivre son intérêt personnel, son devoir à lui, président, était de soutenir l'Association ; qu'un candidat n'avait pas le droit d'en appeler à l'ensemble du corps électoral ; qu'il devait obéissance à son parti et à son comité dûment nommé : et que, si Forster se respectait, il s'inclinerait devant la règle énoncée dans le § 15 ».

Le plus beau, c'est que ce même président

avouait volontiers qu'entre Forster et l'Association, il n'existait d'ailleurs, à ce moment, aucune divergence d'opinions. Il ne s'agissait donc que d'une question de principe, d'un acte de foi ou d'obéissance. On ne demandait à Forster que de réciter la *fatiha* : « Il n'y a de Dieu que l'Association, et X... est le prophète de l'Association. » Qui ne prononce pas cette formule est infidèle, et qui est infidèle sera exterminé. M. Schnadhorst, de Birmingham, l'entendait au sens strict : « John Bright lui-même, disait-il, aurait à briguer l'honneur d'être adopté par l'organisation du parti, et à courir le risque d'être accepté ou rejeté par elle. »

Cependant, la querelle de Forster et du Caucus de Bradford occupait toute l'Angleterre. La presse prenait position pour le député ou pour le Comité : « Si un homme public tel que Forster, faisait remarquer le *Times*, peut être forcé de passer sous le joug de l'Association, que faut-il attendre de la plupart des hommes politiques, moins en vue et moins indépendants ? » Quant à la ville elle-même de Bradford, elle était en révolution : « Forster comptait dans sa circonscription électorale de

nombreux amis, des admirateurs. Le Caucus
s'appliqua à détacher de Forster ses partisans,
à lui aliéner l'affection des masses et à faire
le vide autour de lui. Une violente campagne
fut ouverte, on le dénonçait de maison en maison, on le stigmatisait dans les meetings comme un traître à la cause du libéralisme. Le
mot d'ordre donné par les chefs du Caucus
fut relevé dans les réunions de quartiers par
de braves gens qui pensaient qu'il s'agissait
en effet du triomphe de la cause populaire
et tonnaient à qui mieux mieux contre Forster.
Sa ferme attitude lui valut de nombreuses
sympathies dans le pays ; des hommes politiques de tous les partis le félicitaient et le
remerciaient de combattre le bon combat. »
Gladstone offrit son arbitrage, que, respectueusement, Forster déclina, parce qu'il n'y avait
pas là, suivant lui, matière à un arbitrage. A
la fin, pourtant, le Caucus et lui transigèrent.
On remplaça, dans le texte du § 15 en litige,
les termes impératifs : *sera exigé*, par les termes facultatifs : *pourra être exigé ;* et Forster,
en retour, « consentit à être adopté par l'Association. A la vérité, la concession faite par le
Caucus n'était pas bien grande, et ce fut plutôt

Forster qui céda. Toute sa fermeté s'était épuisée dans les protestations solennelles et les nobles déclarations » [1].

Joseph Cowen ne céda pas, mais il fut brisé. Cowen était un radical, un vrai radical, s'il en fut, et même un peu mieux, un radical-socialiste, ou socialisant. Industriel, propriétaire d'usines, il avait introduit chez lui et autour de lui l'usage des sociétés coopératives, des bibliothèques ouvrières, des cours, des conférences ; rien ne se faisait pour le bien-être moral et matériel du peuple qu'il n'en fût par son argent et qu'il n'y fût de sa personne. Newcastle l'avait envoyé à la Chambre, après vingt-cinq ans de cette vie toute au tra vail et toute à tous, en 1874. Il s'y était bientôt révélé « comme un des plus grands orateurs que l'Angleterre contemporaine ait produits. Mais, en même temps, il se montra incapable de suivre le mot d'ordre d'un parti ou de qui que ce fût. Quand les conservateurs lui semblaient avoir tort, il leur donnait tort ; quand ils lui paraissaient être dans la bonne voie, il leur donnait raison. Que, d'un côté de la Chambre, on ait toujours raison et, de

1. OSTROGORSKI, *ouvrage cité*, I, 186-188.

l'autre côté, toujours tort, cela lui apparaissait comme une convention mensongère et souvent néfaste ». De même, quoique radical, Cowen ne donnait pas toujours raison aux libéraux, et il leur donnait tort quand ils avaient tort. Il n'approuvait, par exemple, ni la politique irlandaise ni la politique égyptienne de Gladstone, alors que le gros du parti gardait le silence et emboîtait le pas.

« Depuis quelque temps déjà, la situation d'un membre indépendant de la Chambre des communes était devenue délicate, depuis qu'après l'entrée des masses sur la scène politique (en 1868, à la suite de la troisième réforme électorale), on avait, des deux côtés, resserré les rangs. Deux grandes armées s'étaient reformées avec deux chefs puissants, Gladstone et Disraeli, dont la lutte avait pris le caractère d'un duel, d'un combat épique. Pourtant une personnalité puissante, qui aurait pris une place à part dans l'enceinte parlementaire, ne pourrait-elle pas s'y maintenir en s'appuyant sur la confiance de ses concitoyens méritée par un vrai dévouement à la cause du peuple ; en s'appuyant précisément sur les masses qui fournissent la chair à canon politique ; en faisant appel, pour ainsi dire, de la faiblesse de la démocratie à sa force ? L'attitude de Cowen posait cette question. Le Caucus se chargea d'y répondre. »

La section de Newcastle ouvrit le feu contre Joseph Cowen. Cependant, comme elle savait son influence dans tout le pays de Tyne, elle n'alla point jusqu'à lui opposer un candidat aux élections de 1880 ; elle se contenta provisoirement de vouloir en faire son candidat, de vouloir l'amener à recevoir, à tenir d'elle son siège, et à prêter aux Comités serment d'hommage et d'allégeance. Cowen estima que ce serment, il n'était ni de sa dignité de le prêter, ni de l'intérêt du régime parlementaire qu'il le prêtât. Il fut quand même réélu cette fois encore (1880). Mais, lorsqu'en 1882, un des deux sièges auxquels Newcastle a droit devint vacant par démission, il fut offert à M. John Morley. Le brillant critique ne fit point, aux exigences du Caucus, les difficultés que, plus que tout autre, il eût été en droit de faire. Plus que tout autre, il eût pu, sinon imposer ses conditions, du moins ne pas accepter celles des Comités : il les accepta, et il passa. Son succès ne fit que rendre le Caucus plus intolérant et plus intraitable, que l'exciter particulièrement contre cet indiscipliné, contre cet orgueilleux de Cowen. Eh ! quoi, ce qu'un John Morley ne trouvait pas au-dessous de lui, Joseph Cowen le repoussait dédaigneusement ! Dès lors, séances des « centaines » et réunions publiques, accusations, insinuations, « résolutions de blâme, d'indignation, de flétrissure » ; guerre déclarée et lutte sourde : coups d'épée par devant et coups de couteau par derrière : le Caucus, enragé, « bat la ville en tous sens, faisant appel à toutes les susceptibilités, à tous les préjugés, à toutes les haines ».

Viennent les élections de 1885. On pourchasse Cowen, on le harcèle, on le traque. Il fait tête. En vain on espère l'accabler sous une grêle de questions. A toutes, invariablement, imperturbablement, il oppose les principes, comme s'il ne s'agissait en cette occasion, — et il ne s'agit en effet, — ni de Joseph Cowen, ni de tel ou tel, mais de quelque chose de plus haut ou de plus général, des rapports du député et des électeurs, des obligations de parti, des organisations politiques. « Je résumerai, dit-il, en une ou deux phrases nos divergences : moi, je mets au premier plan les prin-

cipes libéraux ; eux, le parti libéral ; à moi,
ce sont les mesures qui importent ; à eux, ce
sont les personnes. Voilà où est toute la querelle. » Et ailleurs : « Le parti est simplement
un moyen pour arriver à une fin, ce n'est pas
la fin. Des leaders sont bons à leur place, mais
aucun d'eux n'est infaillible, et je ne remet-
trai mon jugement sur des questions de principe à aucun homme, si puissant qu'il soit,
ni à aucun groupe d'hommes, si nombreux
qu'ils soient. »

En attendant, « la querelle », comme disait
Cowen, s'élargissait et s'étendait : elle devenait
la querelle de tous les comités contre tous les
indépendants ; elle s'abaissait et s'envenimait
ou s'embourbait aussi : des sommets où Joseph Cowen se réfugiait dans la pure doctrine,
on s'efforçait de le précipiter au ruisseau ; on
l'attaquait dans les rues, on lui jetait de la
boue et des pierres : les chefs mêmes du Caucus en étaient désolés et honteux ; mais ils
avaient démuselé la bête, et ne pouvaient plus
l'empêcher de mordre. Au scrutin, malgré
tout, Cowen arriva en tête de liste, mais trop
de voix lui manquaient, trop de défections
l'atteignaient au cœur : à la dissolution de

1886, il se retira. Et, pour justifier sa retraite, il prononça le mot décisif, le mot définitif : entre son parti et sa conscience, revendiquant le droit de préférer sa conscience, il s'écriait : « Cette conduite à mon égard (la persécution mesquine et tracassière du Caucus) ne me préoccupait pas beaucoup, tant qu'elle était celle d'un groupe de zélateurs bilieux du parti. Mais, aux dernières élections, elle a été approuvée par plus de sept mille électeurs qui ont voté contre moi et dont quelques-uns ont poussé leur opposition jusqu'à commettre contre ma personne des actes de violence que je n'ai certes pas oubliés, ni (je le crains) pardonnés. Après une pareille démonstration, il n'y avait pas, pour un homme d'honneur, d'autre parti à prendre que la retraite. Je suis prêt à faire mon devoir dans n'importe quelle situation, élevée ou humble, à laquelle mes concitoyens peuvent m'appeler, mais je ne suis pas obligé de devenir l'esclave d'un parti ou de me soumettre à des persécutions haineuses sans que cela leur profite. *Ce que le Caucus demande, c'est une machine politique. Je suis un homme, et non une machine.* »[1]

1. Ostrogorski, *ouvrage cité*, I, 218-223.

C'est bien, en vérité, une *machine* politique que le Caucus demande. Machine lui-même, il ne veut au-dessus, autour, et au-dessous de lui que des machines. Certes, les prétentions qu'émettent les Associations politiques sont énormes ; et cependant il faut convenir què, dans l'extrême rigueur logique du gouvernement de parti, elles ne sont point sans quelque fondement. Le point faible du droit des Comités est l'irrégularité de leur investiture, et la part d'usurpation qu'il y a toujours à leur origine. Quoi qu'il en soit, d'ailleurs, de ce qu'ils prétendent et de la légitimité des raisons qu'ils peuvent avoir de le prétendre, ils tendent en fait à remplacer par « l'action accidentée de corps extra-constitutionnels le fonctionnement régulier d'organes établis ». Au moins tendent-ils à remplacer le parlementarisme classique par une espèce de néo-parlementarisme, où le rôle du Parlement lui-même serait très réduit, son initiative très restreinte ; à remplacer surtout les anciens chefs de parti, pris dans le Parlement, par des chefs nouveaux pris hors du Parlement ou qui ne soient au dedans que des émissaires, des commissaires et presque des commissionnaires du dehors.

Ainsi M. Chamberlain, après 1886, lorsqu'il faisait partie du Cabinet, a été dans le ministère le *leader* délégué du Caucus, de l'Association extra-parlementaire, beaucoup plus que le chef parlementaire de la majorité parlementaire. Et c'est, en ce sens, un déplacement de la puissance politique ; mais ce n'est pas le seul. Comme le « tireur de ficelles » a détrôné le leader, l'Association, le Comité, le Caucus ont diminué la Chambre, l'ont décapitée, l'ont frappée d'une véritable *deminutio capitis*, en lui envoyant toutes faites ses décisions, qui sont plutôt les leurs, et en la transformant par là en une simple Chambre d'enregistrement. Ne les a-t-on pas vus intervenir jusque dans une question de règlement intérieur ?

En somme, le Caucus fausse absolument le régime parlementaire, et l'atteint dans ses conditions mêmes, dont l'une est, selon Bagehot, « l'indépendance des représentants » et l'autre « l'esprit de modération ». Avec le Caucus, dans le système nouveau, la grande qualité du représentant n'est plus l'indépendance ; c'est au contraire, l'orthodoxie étroite, qui croit, qui ne discute pas ; et, de même qu'il y eut un conformisme religieux, il y a un conformisme politique, auquel on a donné tout justement ce nom : *conformity*. Les tables de la loi, ce sont les résolutions, les ordres du Caucus : il n'est de foi que de les connaître, et de salut que de les exécuter.

D'autre part, la seconde vertu du parfait représentant suivant le modèle antique, la modération, disparaît sous l'effort de surenchère que le Caucus impose à ses candidats. Et c'est de la sorte « que le ton radical du personnel parlementaire s'est élevé brusquement, durant les quinze dernières années, au-dessus du niveau de la moyenne du corps électoral et que s'est produit ce nouveau type de député anglais toujours prêt à marcher de l'avant sans savoir au juste où il va et où il s'arrêtera, ou même s'il s'arrêtera »[1]. Il ne va pas tout à fait jusqu'à promettre, comme la légende veut qu'on l'ait fait ailleurs, « la suppression de la lune rousse », mais pas bien loin. « Vous engagez-vous, — demandait-on un jour en réunion publique à l'un de ces hommes à qui les engagements ne coûtent pas, — vous engagez-vous à voter pour l'abrogation des dispositions du chapitre XX du second livre de Moïse ? —

1. Ostrogorski, *ouvrage cité*, I, 569.

Certainement, s'empressa-t-il de répondre, sans même avoir saisi la fin de la phrase, je n'hésiterai pas ! » Un fou rire éclata dans la salle. « Qu'est-ce donc ? interrogea le politicien, un peu démonté, en se penchant vers le président. — Mais rien, fit l'autre placidement. Vous venez de prendre l'engagement de faire abroger les dix commandements. Voilà tout. »

Le Caucus fausse encore le régime parlementaire en ce que, au lieu que les députés, comme des chefs de clan, amènent leurs contingents au *leader*, c'est le *leader*, ou le « tireur de ficelles », le *wire-puller*, du Caucus qui leur fournit leurs troupes, et qui les leur tient attachées. Il le fausse enfin, en ce qu'il fausse l'expression de l'opinion publique et qu'en même temps qu'il substitue son autorité à l'autorité du Parlement, il substitue ses volontés à la volonté populaire, dont il ne s'inspire que dans la mesure où il ne saurait la contrarier sans perdre son crédit. On le surprend là en plein travail de captation, de canalisation et d'appropriation de la force. On voit la « machine » en action, et l'on peut suivre cette action en ses effets.

Je dis et je répète à dessein la « machine » ;

aussi longtemps que, sérieusement ou plai-
samment, on s'obstinera à m'opposer que ce
n'est qu'une métaphore, — et tant qu'on ne
m'aura pas enseigné comment on peut traduire des idées et des faits sans se servir ni de
mots ni d'images, — aussi longtemps je répé-
terai qu'à l'extension du droit de vote, à l'introduction du suffrage universel, a correspon-
du, par une espèce d'application du machinisme à la politique, une sorte de manipulation mécanique de la démocratie, en vue de la
production industrielle de l'opinion, au moyen
et au profit du mécanicien ou du chauffeur :
le politicien professionnel.

Si l'exemple de l'Angleterre ne l'avait déjà
montré avec une clarté suffisante, l'exemple
des Etats-Unis le montrerait en un coup de lumière tellement cru et brutal, que les pires
aveugles, les aveugles volontaires eux-mêmes,
seraient obligés d'ouvrir les yeux.

IV

L'Amérique fait tout en grand, et le grand,
là-bas, ne s'arrête qu'au monstrueux. Villes,
fortunes, institutions, parties de très petits

commencements, y sont, par une croissance extrêmement rapide, susceptibles de développements indéfinis. Telle capitale d'Etat n'était naguère qu'un assemblage improvisé de quatre baraques de planches, au croisement de deux chemins qui n'étaient que des fondrières : tel « roi » de l'industrie ou de la finance a débuté comme télégraphiste ou comme graisseur de roues dans une compagnie de chemins de fer, dont il préside maintenant, avec un énorme paquet de titres, le conseil d'administration. La société américaine, aux États-Unis, est une immense champignonnière : parmi les champignons qui, sur cette couche d'une fécondité incomparable, atteignent en une nuit une taille gigantesque, il serait étonnant qu'il n'y en eût pas quelques-uns de vénéneux ; mais d'être vénéneux ne les empêche pas de pousser : le mal, comme le bien, par delà l'Océan, s'exagère hors de toute proportion.

Ainsi du Caucus, dont les défauts vont devenir ici des vices ; les prétentions, une tyrannie insupportable ; la puissance, un despotisme sans limites. Pour lui aussi, il est aisé de remonter, — ce n'est pas si loin, — à ses commencements, qui furent très petits. On en trouverait le germe ou la semence dans les comités de correspondance qui se formèrent un peu partout au moment de la guerre d'Indépendance ; plus tard, et en tant que Caucus, il fut d'abord officiel, n'étant que le Congrès délibérant séance close ; puis *mixte*, à la fois parlementaire et extra-parlementaire ; pour finir, extra-parlementaire surtout, mais se prolongeant et aboutissant, par des voies de lui connues, à l'intérieur du Parlement.

Une partie de sa force lui vint de bonne heure de ce sentiment généralement répandu que la politique est un combat ; qu'un parti politique est une armée : que le devoir est de « faire face à l'ennemi », de faire passer avant tout, préférer à tout et presque de préférer à soi-même, en tout cas de préférer à ses sympathies et à ses antipathies « l'intérêt du parti, la cause souveraine du parti ». Mais, si le parti est une armée, à cette armée il faut des cadres ; et, si la politique est un combat, pour ce combat, il faut un plan : il faut donc une organisation. Organisation d'autant plus serrée et solide que l'armée devait opérer, que le combat devait se livrer sur un territoire immense qui sans cesse s'élargissait encore : c'est ce

qui fait qu'on a pu dire que chaque progrès
dans la vie des partis américains a été déterminé par l'extension des moyens de communication ; évidemment ; et la difficulté de mo-
biliser l'armée et de diriger le combat augmen-
tait auparavant, en quelque sorte, avec le carré
des distances. Mais, les élections étant très
nombreuses et très fréquentes, l'armée était
pour ainsi dire continuellement à la bataille ou
à la manœuvre : ses cadres ne pouvaient guère,
en conséquence, être composés que de gens
qui n'auraient pas autre chose à faire, qui
vivraient de le faire, et qui, en le faisant pour
vivre, donneraient naissance à une classe de
politiciens professionnels.

Aux bas-officiers ou sous-officiers on ne demandait d'ailleurs point d'aptitudes ni d'études spéciales. C'était assez qu'ils fussent capables de crier tous, au signal, en mesure et
d'une seule voix : *Hurrah for Jackson !* ou :
Tippecanoe and Tyler too ! comme, chez nous,
on crie : *A bas la calotte !* et (nouveau style) :
La calotte, hou, hou ! On ne leur demandait
pas non plus d'avoir de la délicatesse, et peut-
être leur eût-on plutôt demandé de n'en pas
avoir trop. En tout cas, l'esprit public s'accou-

tuma bien vite à ce qu'ils n'en eussent guère :
« Ce qui aurait choqué toute la société, il y a
quelques années, écrivait Calhoun, maintenant
on s'en aperçoit à peine. » Ces professionnels de
la politique eurent, en peu de temps, fait contracter à la République américaine non seulement de mauvaises manières, mais de mauvaises mœurs. Non seulement les réunions
publiques furent « faites » et, si l'on ose le
dire, « truquées » — comme chez nous ; — non
seulement, — comme chez nous, — on y dis-
cuta « à coups de poing », et, — comme chez
nous encore, — non seulement on ne se fati-
gua pas à poursuivre la parfaite correction des
listes électorales, estimant sans doute, ainsi
qu'il le fut confessé à la tribune française en
1898, que « tout est bon qui réussit », injures,
calomnies, chantage, falsifications et fraudes ;
mais il y eut pis, car il peut y avoir pis ! et
l'Etat fut mis en coupe réglée.

Les associations politiques, ou, pour réser-
ver toutes exceptions honorables, des associations politiques se constituèrent à l'effet d'exploiter le riche et tentant domaine de l'Union.
Le système entier, constitutionnel, législatif
et administratif, se prêtait du reste, malheu-

reusement, à ces entreprises blâmables ; et une pratique défectueuse aggravait chaque jour l'inconvénient du système. En haut, « l'activité du Congrès se concentrait graduellement dans de nombreux comités secrets qui préparaient toute la besogne des séances publiques au point de faire d'elles une simple parade ». Quant au Sénat, on sait que la Constitution fédérale lui attribue une part importante dans la nomination des fonctionnaires, et que son rôle, déjà illogique en ce point, est rendu d'autant plus dangereux par le manque de publicité[1]. Toute la législation et toutes les nominations tombaient de la sorte aux mains non pas même du Congrès et du Sénat, mais de comités du Congrès et du Sénat, aux mains de certains représentants et de certains sénateurs, dont le Président ne pouvait que contresigner les choix : ce que fit, entre autres, Lincoln, et contre quoi Hayes et M. Cleveland tentèrent, à peu près en vain, de s'insurger.

1. OSTROGORSKI, *ouvrage cité*, II, 125-126. — Cf. JAMES BRYCE, *La République américaine*, traduction française, t. III ; JAMES H. HOPKINS, *A History of political parties in the United States* ; JOHN S. HITTELL, *Reform or Revolution?* notamment, ch. III, *the Spoils*, p. 94-181.

Mais ces choix de personnes que représentants ou sénateurs inspiraient au Président et lui imposaient presque, les associations politiques, les sociétés pour l'exploitation de l'Etat, les inspiraient, les imposaient aux sénateurs et représentants. Dans les Etats particuliers, c'étaient les mêmes coutumes, les mêmes errements que dans la Confédération, en sorte que partout régnaient le favoritisme et la délation ; que partout s'établissait, s'installait en maîtresse une féodalité nouvelle, une féodalité électorale, fondée et soutenue par la corruption ; puisque le moyen le plus sûr d'inspirer aux comités eux-mêmes les choix qu'ils imposaient aux représentants ou sénateurs, et ceux-ci au Président, était, avec le service de paix et de guerre, du ban et de l'arrière-ban, de payer, fonctionnaires en place ou candidats aux places, le juste tribut, à titre, dans le premier cas, de prime d'assurance, et, dans le second, de prix d'achat.

On a souvent décrit, — et nous ne décrirons pas à nouveau, — « ces combinaisons de politiciens maraudeurs » que l'on a nommées les *Rings* et qui, en Tammany Hall, touchèrent au sublime, — ou à l'infime, — du genre, s'il est difficile de descendre plus bas dans l'exploitation de la crédulité et de la cupidité humaines. On a dépeint ces fêtes bizarres, où « hommes, femmes et enfants, déguisés en aborigènes, affublés de plumes, de queues de daim, dansaient autour d'un mât couronné d'un bonnet de liberté et garni tout du long de tomahawks et autres accessoires indiens », qui furent les premières fêtes de Tammany, en commémoration du chef indien légendaire, Tammany ou Tammanend, « grand guerrier, prince généreux, sage insigne, père de son peuple »[1]. Comment, de Philadelphie à New-York, à Baltimore et ailleurs, ces sociétés gagnèrent de proche en proche, et comment celle de New-York survécut, en subissant les plus étranges transformations, nous n'avons pas non plus à le redire ici. Rappelons seulement qu'elle avait été fondée en 1789 par un tapissier irlandais, Mooney, « pour affirmer les idées démocratiques en face de l'esprit d'exclusivisme aristocratique de provenance anglaise, qui n'avait pas encore complètement disparu » et « rallier par des liens indissolubles

1. Le mot *Caucus* lui-même est également, croit-on, d'origine indienne.

d'amitié les frères américains connus par leur attachement aux droits politiques de la nature humaine et aux libertés de la patrie ». Ce fut, d'abord, une société secrète, et, pour tout dire d'un mot, une franc-maçonnerie, avec des rites et une hiérarchie « à nomenclature indienne qui devait mettre en relief son caractère éminemment américain : elle était partagée en treize tribus, en nombre égal à celui des États qui formèrent l'Union, et portant chacune un nom d'animal : tigre, renard, loup, aigle, etc... Le comité directeur de la société se composait de treize *sachems* (chefs) dont un *grand sachem* ou « grand-père » ; un *scagamore* avait la charge de maître des cérémonies, et un *wiskinskie* s'acquittait des fonctions plus modestes de portier. Les membres s'appelaient « braves » ; le local où ils se réunissaient portait le nom de *wigwam* (hutte, en indien). L'année était partagée en saisons des fleurs, des fruits, de la chasse, et des neiges, et chaque saison divisée en lunes. »

Jeux innocents et, comme à l'ordinaire, appareil un peu puéril d'une association à ses débuts, patriotique et philanthropique sans hypocrisie ; mais tout de suite, dès 1800, la société de Tammany commença à s'occuper de politique, et elle commença à s'en occuper par la fraude : à l'intention des candidats républicains-démocrates qu'elle soutenait, elle se chargea de procurer la franchise électorale à ceux qui ne la possédaient pas, en faisant transférer à une seule personne les titres de propriété de plusieurs jusqu'à concurrence de ceux exigés légalement. Tout cela resta cependant couvert d'apparences de respectabilité et d'austérité puritaine, tant que la société se recruta parmi la bourgeoisie moyenne et la petite bourgeoisie ; mais, plus tard, quand les élections furent décidément sa principale affaire, la Tammany dut traîner après elle une « queue », toujours plus longue, « de gens qui, sans avoir été admis en qualité de membres de la société secrète, la suivaient dans les combats électoraux... appendice politique qui devint bientôt une excroissance gangreneuse »[1].

La populace, le *mob element*, envahit et inonda Tammany Hall. Groupés en « clubs » et en « bandes », *gangs*, ou versés dans les « compagnies libres de pompiers », les con-

1. OSTROGORSKI, *ouvrage cité*, II, 146.

tingents de la Tammany furent ensuite réunis en associations d'arrondissement uniformes pour chacune des circonscriptions électorales de la cité. Ces associations d'arrondissement relevaient d'un comité central qui possédait, sur toute l'organisation, des pouvoirs discrétionnaires. Les membres des associations n'étaient admis qu'après un triage rigoureux et devaient promettre une obéissance absolue aux chefs de la Tammany, laquelle « se créa ainsi une armée de mamelouks démocratiques, qui étayaient sur des formes républicaines un véritable système de despotisme exercé par une poignée d'hommes ». Despotisme envers l'adhérent le plus humble, et despotisme non moins absolu envers le représentant de l'ordre le plus élevé. La *conformity* anglaise prit à New-York la forme de la *party regularity ;* mais, sous un vocable ou sous l'autre, c'était toujours la *fatiha* la plus impérative du Coran le plus intransigeant, d'autant plus obéi qu'il promettait à ses fidèles les biens de ce monde, qui leur étaient en effet partagés.

L'objet de l'association politique fut si bien compris, si hautement avoué, que l'on s'assembla non plus seulement par circonscriptions électorales, mais par fonctions ou groupes de fonctions à pourvoir, ou, mieux, à enlever. Conventions de quartier, de cité, ou de comté, furent en réalité des conventions destinées à s'emparer de tel ou tel poste, que ce soit de haute lutte ou « par dol et larcin subtilement fait ». La composition de certaines d'entre elles n'est ni plus ni moins que scandaleuse. Voici, par exemple, une convention de comté (comté de Cook ; — Chicago, 1896) où, sur 723 délégués, figurèrent, outre 265 cabaretiers, — profession peut-être trop abondamment représentée, mais en elle-même point immorale, ni déshonorante, — 17 personnes jugées et 7 condamnées pour assassinat, 36 condamnées pour vol avec effraction, 2 pickpockets, 7 tenanciers de tripot, 2 tenanciers de maisons de tolérance, etc... Faut-il s'étonner si parfois de semblables compagnies élèvent aux emplois des sujets tout à fait indignes ? Et elles en éliraient plus encore, et de plus indignes, si la convention n'était le plus souvent une réunion pour la forme, et l'on peut bien dire, à propos d'elle, pour la frime, à laquelle le choix arrive tout fait des *primaries*, à laquelle on se contente de passer l'ardoise, le *slate*, où les noms sont écrits d'avance.

De là, pourtant, de conventions de cet acabit, sortent ces *boodle aldermen*, dont le sobriquet ne se peut traduire qu'en argot, ces « conseillers du *chopin* », avec, autour d'eux, à leur suite et, s'ils ne marchent pas, à leurs trousses, un essaim bourdonnant de *strikers*, de « maîtres-chanteurs », qui, les uns et les autres, obligent par instants à se demander si vraiment il reste à un honnète homme tombé dans une pareille société autre chose à faire qu'à prendre son revolver, et l'on s'émerveille que les Américains en usent si modérément ! De là, ces élections au Parlement, ridicules ou révoltantes, qui font dire proverbialement : « Vil comme un député ! » et, par elles, le pitoyable abaissement du niveau de la valeur dans les Chambres, abaissement accéléré encore par la règle de la rotation des emplois, — du changement pour que tout le monde y goûte ! — appliquée aux élections législatives comme au reste, et par cette autre règle de n'admettre que l'*available* candidat, le candidat qui se prête complaisamment à tout. C'est ce que les *outsiders*, — car le langage des courses rend expressivement et vigoureusement le caractère de cette politique qui se présente comme une épreuve de sport et qui n'intéresse dans le citoyen que l'instinct de la lutte et du jeu, — c'est donc ce que les *outsiders*, ou les chevaux sur lesquels on ne compte pas, qui ne sont pas cotés, les *dark horses*, acceptent plus volontiers que ceux dont leur valeur et leur histoire devaient faire les grands favoris ; et c'est pourquoi les *outsiders* et les *dark horses* sont, en retour, plus volontiers acceptés des « entraîneurs », des électeurs ; c'est pourquoi, enfin, il n'est pas rare qu'ils gagnent les plus belles courses, jusques et y compris la course présidentielle.

A Dieu ne plaise, ayant renoncé à faire une fois de plus le tableau des gabegies de Tammany Hall, qu'une fois de plus nous allions faire le tableau de cette cérémonie tout ensemble burlesque et solennelle qu'est, sous le régime du Caucus, une élection à la présidence ! Processions avec costumes, emblèmes et insignes, qui sont un peu des mascarades et sont complètement des impostures en ce qu'elles ont pour objet de tromper sur la force réelle des partis, *booms* à l'intérieur et à l'extérieur, tapage orchestré, acclamations et imprécations, bans battus par une claque et musique hurlée par un orphéon de sauvages, bruit infernal qui tend à déchaîner et à exaspérer, avec la folie des foules assemblées, leur rage d'imitation ; chocs violents d'onomatopées comme celles-ci :

Ho, ha, he! who are we ?

ou encore :

Wahoo waugh ! Wahoo waugh !
Billy Mac Kinley ! Billy Mac Kinley !

attaques simulées d'épilepsie électorale qui ont pour but de provoquer le *break*, la vraie crise, après laquelle, la victoire appelant la victoire et le nombre entraînant le nombre, viendront le *stampede*, — c'est l'« accession » des conclaves, moins la gravité, la dignité, la majesté, — et l'élection définitive. Elle viendra, cette élection bienheureuse, mais peut-être pas tout de suite (plus elle est malaisée et dure, plus s'affirme l'importance des politiciens) : ne fallut-il pas 38 scrutins pour Garfield, 49 pour Pierce, 52 pour Scott ? Les conventions de district se comportent en cela comme la convention nationale, et n'ai-je pas

lu, — je l'ai même relu, tant j'ai eu de peine
à le croire, — qu'en 1897, dans l'État d'Iowa,
pour nommer un sénateur, il a fallu plusieurs
centaines de tours de scrutin ; et l'on y passa
plusieurs jours ! [1]

Tout le territoire fédéral est, de l'Extrême-
Est à l'Extrême-Ouest, couvert d'un formidable réseau d'associations politiques de taille
et d'appétit variables : grands et petits *Caucus*, grands et petits *Rings* ; comités permanents ou temporaires, national, congression-
nel, d'État ou de comté, de village ou de district scolaire ; clubs sédentaires ou ambulants
(*marching clubs*) ; groupements par affinités
d'origine ou de profession. Et l'association politique, le syndicat de politiciens, entreprend,
à forfait, c'est le cas de le dire, tout ce qui
concerne son état : la maison tient tous les
articles, depuis le discours de haute et sévère
éloquence jusqu'à l'entrefilet de journal diffa-
matoire, depuis la note à faire passer aux organes de presse jusqu'aux brochures, circu-
laires, et papiers de propagande. Elle fournit,
pour la campagne électorale, depuis la *polling*

1. OSTROGORSKI, *ouvrage cité*, II, p. 221

list, la liste des électeurs revisée et pointée après enquête sur leurs opinions, jusqu'aux accessoires nécessaires à ce que ces estimables industriels eux-mêmes appellent « le travail chinois », *the chinese business* : le personnel et le matériel que réclament les parties de plaisir offertes au peuple souverain, *rallyes et barbecues*, promenades et pique-niques sur l'herbe ; depuis les accusations infamantes contre l'adversaire (*charges*), les mensonges et les calomnies valables quinze jours (*campaign-lies*), jusqu'aux pronostics suggestifs (*estimates* ou *claims*) et aux paris ouverts, plus suggestifs encore. La même maison se charge de ce qui est licite et de ce qui ne l'est pas : de faire respecter la loi, et de la tourner ou de la violer ; elle solde indifféremment les dépenses permises et les dépenses interdites ; indifféremment elle pratique le *canvass*, la visite à domicile, et le *cooping* ou le *bottling*, la « mise en cage », la « mise en bouteille » des électeurs récalcitrants ; elle prêche indifféremment le *straight ticket*, le vote en bloc pour la liste entière, le *split ticket*, le « bulletin fendu », le vote pour une partie seulement de la liste, ou le « vote muet », le *dumb vote*, le *stay at home vote,* le « vote qui garde la maison », l'abstention.

Par ses bandes ou *gangs,* par ses *clubs,* par mille sociétés qui guettent l'homme à tous les détours et à toutes les haltes de sa vie, la Machine aspire et pompe la matière électorale, que grossit incessamment, aux Etats-Unis, une continuelle alluvion ; elle l'amène au *leader* de quartier, qui l'élève vers les *henchmen,* les *boys,* le *boss :* d'un geste, grâce aux fils qu'ils tiennent rassemblés, les *wire-pullers,* les tireurs de ficelles, déclenchent et mettent en marche cette machine, d'une incalculable puissance et d'une inépuisable docilité, qui n'est qu'eux, et qui est tout. Peut-être une association rivale, un autre parti, d'autres « tireurs de ficelles », lui opposeront-ils une autre machine, mais ce sera encore une machine, ce sera toujours la Machine ; et il pourra arriver que, quoique adverses, les deux machines coopèrent de toute leur force contre l'ennemi commun : l'électeur qui leur échappe ou le candidat qui prétend se passer d'elles.

Sous un régime comme celui-là, ce sont en effet de mauvais citoyens que les citoyens indépendants. On les considère peu et on les traite mal : professeurs, doctrinaires, théoriciens, contemplateurs d'étoiles, « pêcheurs de lune »; ou bien *kickers*, « sauvages », rebelles à toute discipline et à tout ordre ; sorte de malfaiteurs publics ! Le devoir civique, c'est d'être « conforme », d'être « régulier », d'être « harmonieux », et de voter toujours avec son parti. Aussi bien la politique n'est-elle pas chose « vulgaire » dont le *better element*, dont les gens distingués doivent s'écarter avec soin ? Il faut laisser cela aux gens qui ne sont point rebutés d'une si basse besogne et qui n'ont d'ailleurs rien de mieux à faire. Car la politique, qu'est-ce au fond, sinon une querelle, un pugilat pour les dépouilles, la lutte des *ins* et des *outs*, de ceux qui sont en place et de ceux qui n'y sont pas ? Bon pour les déclassés à « existence catilinaire » et les malheureux à existence précaire ! Tout ce qu'un homme sérieux et bien posé demande à la politique, c'est qu'elle ne s'occupe pas de lui, qui ne s'occupe pas d'elle, et, pour « être tranquille », au besoin il paiera le prix de la paix — *price of the peace.*

D'autres s'empareront des fonctions et en tireront profit, sinon honneur ; mais toute

peine ne mérite-t-elle pas salaire et n'est-ce pas
justice de récompenser le zèle et le dévouement au parti ? Car on admet sans difficulté
qu'entre la morale privée et la morale d'Etat,
il y en a une troisième, la morale de parti,
la morale de clan, et l'on fait presque moins
de façons pour supporter qu'il y en ait trois
que pour avouer qu'il peut y en avoir deux.
Que si cette morale de parti, pratiquée sans
retenue, par des politiciens sans vergogne,
tourne à « l'exploitation industrielle de la souveraineté populaire », tant pis, on s'y résigne :
ne sait-on pas que « le gouvernement libre et
le suffrage universel sont *des blagues* ? » Au
surplus, tout n'est pas mauvais dans la Machine, qui exerce, fût-ce électoralement, une
espèce de charité sociale. Et puis, en dernier
ressort et en dernier recours, la Constitution
garantit les droits fondamentaux du citoyen,
et la Cour Suprême empêche que la Constitution ne devienne lettre morte. Il y a donc un
domaine réservé où le politicien ne pénètre pas,
où la Machine n'atteint pas ; et cela suffit à
l'Américain, qui attend plus de lui-même que
de l'Etat, plus de son industrie que de la politique ; mais, sauf ce petit coin, le politicien

est partout, la Machine est maîtresse de la démocratie.

V

Maîtresse de la démocratie, la Machine a un maître : le mécanicien, qui, aux Etats-Unis, est le *boss*. L'étymologie du mot dit sans ambages ce que c'est : le boss, du hollandais *baas*, c'est le « bourgeois », le « patron » ; c'est, tout justement et tout pleinement, le « maître ». Le boss apparut pour la première fois là où il devait apparaître, à Tammany Hall, comme une orchidée sur un bois pourri. Imaginez un homme, le plus énergique de tous et le plus habile à manier ceux qui manient déjà, par goût ou par métier, la pâte électorale ; il n'a qu'à « transformer en votes et en mandats publics » l'attachement, inconditionnel jusqu'à la servilité, qu'ont voué au parti tant d'adhérents « réguliers », « conformes », « harmonieux » ; cet homme, « bien que conservant intactes extérieurement » les formes du gouvernement populaire, aura vite fait d'accaparer en réalité tous les pouvoirs publics et en réalité régnera sur la ville ou sur la nation. Il n'a pas besoin pour cela d'être « d'une profondeur de desseins incroyable », il n'a pas besoin d'être Cromwell, mais Danton seulement : « De l'audace ! toujours de l'audace ! »

Ainsi le fameux Tweed ; ainsi son précurseur Fernando Wood, qui mit debout la populace « et, en s'appuyant sur elle, devint le dictateur de Tammany. Plusieurs fois maire de New-York, il vendait aux enchères les emplois publics, en les faisant payer, argent comptant, 10.000, 20.000 et même 50.000 dollars. Son astre pâlit devant celui de Tweed, des mains de qui il accepta, pour ses vieux jours, un siège au Congrès des Etats-Unis. La brillante carrière de Tweed fut prématurément interrompue par son incarcération, mais la dignité de *boss* ne resta pas longtemps vacante. Après un court interrègne, elle fut occupée par John Kelly, qui, pendant de longues années, gouverna en autocrate Tammany Hall et la cité, *urbem et orbem*, disposant des ressources de la ville, fixant son budget, décidant qui obtiendrait les différents emplois municipaux, qui représenterait la cité à la législature, qui serait nommé au Congrès, qui serait élu juge, maire, conseiller municipal ; comités administratifs, conventions de parti désignant les candidats, ne faisaient qu'enregistrer ses volontés, ses ordres. Après la mort de Kelly, sa dignité passa sans trouble, sans secousse, comme dans une monarchie où le droit dynastique est bien réglé, à son lieutenant, qui est jusqu'à ce jour le *boss* régnant de New-York [1]. » Ainsi de plusieurs autres, dans plusieurs autres villes, des boss d'Etat comme des boss de cité, et des boss fédéraux, ou sénatoriaux, les Conkling, les Cameron, les Chandler, les Morton du temps de Grant, et d'autres, — d'autre temps, — comme des boss d'Etat et de cité.

« De même que l'Américain respectable marque au Caucus quelque considération et lui reconnaît une manière de rôle de charité sociale, en tout cas une utilité, de même il n'est pas sans considération pour le boss, et par le motif, identique ou analogue, que le boss fait une besogne dont, lui, il ne voudrait pas se charger, et que, néanmoins, il regarde comme nécessaire. Dans une société où la grande majorité des citoyens met ses préoccupations à tout autre chose qu'à la politique, se désintéressant de tout ce qui n'est pas l'intérêt

1. OSTROGORSKI, *ouvrage cité*, II, 182.

immédiat, des hommes du modèle de ces boss
« s'opposent par leurs *qualités*, — et en effet,
ce sont « qualités » quand même, — à la société en général ; ils en deviennent en quelque
sorte les complémentaires. » [1]

Bien plus ; quand ils sont de taille, on fait
mieux que de ne pas les mépriser absolument ;
ils inspirent une espèce d'orgueil national :
on a, dans le secret de son âme, une façon
d'être fier de leurs exploits, pour lesquels on
éprouve un peu de ce sentiment que les Florentins ou les Vénitiens du xv⁰ et du xvi⁰ siècles
éprouvaient devant un beau crime, c'est-à-dire
devant un crime artistement fait : *Che bel-
lezza !* — *Com'è bello !* Ici, où l'on estime
plus la force que l'art, on pense plutôt : « Que
c'est fort ! » Mais la pensée est, au fond, la
même, et l'on pousse le boss jusqu'au « héros », jusqu'au « surhomme », jusqu'au
« prince ». L'un des fédéralistes, Alexandre
Hamilton, s'amusait beaucoup de la phrase de
Montesquieu sur « la vertu », ressort des démocraties. Entendez « vertu » à l'italienne, *virtù* ;
extrême virilité, virilité plénière et débordan-
te, « survirilité » ; ôtez-en toute qualification

1. OSTROGORSKI, *ouvrage cité*, II, 403 et suiv.

morale, tout coefficient de bien ou de mal ; le précepte demeure d'une vérité profonde : la *virtù* est le ressort de la démocratie ; il n'y a, dans la démocratie, de ressort que la *virtù* ; l'homme de *virtù*, le « surhomme », le « héros », — tribun latin ou boss américain, — est le « Prince » de la démocratie.

Il l'est fatalement. La Machine, inerte sans le mécanicien, ne s'anime que par le boss ; mais la démocratie, qui est toute et met tout dans le régime électif, ne se meut que par la Machine. D'où le grand conflit qui déchire la vie politique des Etats modernes ; conflit de l'élément mécanique et de l'élément psychologique : d'une part, la discipline, l'obéissance, le mot d'ordre : « Votez comme on vous le dit ! » les cadres, la mécanique ; d'autre part, la réflexion, l'éducation, la liberté, la volonté, la personnalité ; d'une part, la manipulation des passions ; d'autre part, les manifestations de la raison ; d'une part, le Caucus, la Machine, le Surhomme, le Prince ; d'autre part, l'Homme et le Citoyen.

La vie politique des démocraties restera-t-elle une série d'impulsions électorales spasmodiques, provoquées et propagées mécani-

quement, ou se déploiera-t-elle, se développe-
ra-t-elle un jour en un tout organique, — *an
organisated whole*, — comme les Américains
eux-mêmes le souhaitent ? D'aussi pesantes
masses que les démocraties contemporaines
pourront-elles être soulevées sans levier ? L'é-
ducation de ces démocraties serait-elle suffisante ? est-elle possible ? Toute institution politique n'a-t-elle pas toujours été, sera-t-elle
toujours l'application d'une mécanique à la
société ? La « double force d'intimidation sociale de la démocratie », tirée des lois et de
l'opinion, ne servira-t-elle jamais qu'à inti-
mider les gens honnêtes et tranquilles, au bénéfice des « effrontés » qui brandissent « l'é-
pouvantail de l'hétérodoxie politique » ? Ou,
plus simplement, les braves gens se décide-
ront-ils à être aussi hardis, aussi actifs, aussi
intelligents que... les autres ? Y a-t-il des conditions du régime parlementaire et de la démocratie représentative, auxquelles rien ne puisse
suppléer, en dehors desquelles il n'y ait que
déformation, que caricature du régime parlementaire et de la démocratie, et quelles sont
ces conditions ? La suppression des partis permanents et leur remplacement par des grou-

peinents temporaires remédieraient-ils aux maux ou à quelques-uns des maux que nous avons signalés ? En France, particulièrement, et dans le moment où nous sommes, faudrait-il en finir avec de vieux partis qui depuis quinze ou vingt ans durent par delà la mort, et en venir à des groupements temporaires, fondés en vue d'un seul objet, d'un but prochain et défini, quitte à se renouveler, le but atteint, et à contracter de nouveau pour un nouvel objet ?

Cela fait beaucoup de questions, et ce sont de graves questions. Loin de chercher à les résoudre, nous ne voulons même pas les poser aujourd'hui. Mais, si l'on pouvait toutes les résumer en une, qui serait à peu près : Y a-t-il un moyen pour une démocratie de se passer de la Machine et du mécanicien ? alors je répondrais : Un seul moyen, peut-être. Je n'oserais dire que « peut-être », car il convient d'être prudent ; mais — peut-être — y en a-t-il un : et c'est de « s'organiser ». La démocratie la moins « mécanisée » sera la démocratie la plus « organisée ». (1904).

MAIS, TOUT LE PROUVE, LA DÉMOCRATIE NE PEUT PAS ÊTRE ORGANISÉE. (1929).

TABLE

PARIS. — S. G. I. É., 71, RUE DE RENNES. — 1929

SIXIÈME ÉDITION

www.ingramcontent.com/pod-product-compliance
Lightning Source LLC
LaVergne TN
LVHW051109060726
842525LV00003B/841